Nicole Sturm

VORWÄRTS LEBEN

Dein Weg zu mehr Zufriedenheit

SCM
Hänssler

SCM

Stiftung Christliche Medien

SCM Hänssler ist ein Imprint der SCM Verlagsgruppe, die zur Stiftung Christliche Medien gehört, einer gemeinnützigen Stiftung, die sich für die Förderung und Verbreitung christlicher Bücher, Zeitschriften, Filme und Musik einsetzt.

MIX
Papier aus verantwortungsvollen Quellen
FSC® C014496
FSC
www.fsc.org

Max-Eyth-Straße 41 · 71088 Holzgerlingen
Internet: www.scm-haenssler.de; E-Mail: info@scm-haenssler.de

Umschlaggestaltung: Simon deVries, Bundes-Verlag, Witten
Titelbild: © Jared Weiss, www.unsplash.com
Autorenfoto (Umschlagklappe): Christian Freyher
Satz: typoscript GmbH, Walddorfhäslach
Illustrationen: Erik Pabst, www.erikpabst.de
Druck und Bindung: GGP Media GmbH, Pößneck
Gedruckt in Deutschland
ISBN 978-3-7751-5975-3
Bestell-Nr. 395.975

INHALT

Sind Sie startklar? 5

Die 12 Speichen 7

Ihr einmaliges Rad 13

Speiche 1: Familie 15

Speiche 2: Partnerschaft 29

Speiche 3: Freunde 43

Speiche 4: Gesundheit 58

Speiche 5: Fitness 73

Speiche 6: Beruf 87

Speiche 7: Finanzen 100

Speiche 8: Entspannung 115

Speiche 9: Freizeit 132

Speiche 10: Sinn 147

Speiche 11: Engagement 161

Speiche 12: Gemeinschaft 175

Ein Wort zum Schluss 189

Danke 190

Anmerkungen 191

SIND SIE STARTKLAR?

Haben Sie schon einmal ein Fahrrad mit unterschiedlich langen Speichen gesehen? Ich vermute nicht. Solch ein Fahrrad wäre ja auch absurd, denn man könnte nicht damit fahren. Der Reifen wäre eckig und würde dementsprechend auch nicht rundlaufen. Zudem wäre solch ein Fahrrad nicht sonderlich stabil. »Nicht sinnvoll!«, würde der Verstand diese Vorstellung bewerten – und das zu Recht! Interessant ist, dass viele Menschen dennoch versuchen, mit genau solch einem Rad zu fahren – im übertragenen Sinne selbstverständlich. Sie wundern sich dann, warum sich das Vorwärtskommen so mühsam gestaltet und sie eher durchs Leben holpern, anstatt zu gleiten.

Lassen Sie mich das kurz erklären: Das Leben besteht aus vielen verschiedenen Bereichen. Dazu gehören Dinge wie die Beziehung zu Freunden und Familie, Gesundheit, Beruf oder die Freizeitgestaltung. Stellen Sie sich nun vor, jeder dieser Bereiche würde durch die Speiche eines Rads symbolisiert. Die Länge der jeweiligen Speiche zeigt an, wie zufrieden Sie mit dem jeweiligen Lebensbereich sind und wie viel positive Aufmerksamkeit Sie ihm schenken.

Nehmen wir Herrn Meier. Er geht voll und ganz in seiner Arbeit auf. Seine Berufs-Speiche ist dementsprechend sehr lang, vielleicht auch seine Finanz-Speiche. Womöglich kommen andere Dinge in seinem Leben jedoch zu kurz. Das starke Augenmerk, das Herr Meier auf seine Arbeit legt, könnte dazu führen, dass er wenig Zeit für Freunde und Familie hat. Nach der Arbeit ist er womöglich zu erschöpft, um diese Beziehungen zu pflegen. Die Arbeit könnte seine Gedanken auch nach Feierabend so in Beschlag nehmen, dass es Herrn Meier zunehmend schwerfällt, abends herunterzufahren und zu entspannen. Sowohl die Entspannungs-Speiche als auch die Freundes- und Familien-Speiche wären dementsprechend vergleichsweise kurz.

Stellen Sie sich das Rad von Herrn Meier einmal bildlich vor: sehr lange und sehr kurze Speichen in einem Rad. Vollkommen klar: Das kann nicht rundlaufen! Auf sein Leben übertragen bedeutet das enorme Dysbalancen. Sind die Unterschiede nicht ganz so gravierend oder treten sie nur über einen begrenzten Zeitraum auf, ist das nicht weiter schlimm. Ein Problem entsteht dann, wenn die Speichenlänge in Herrn Meiers Leben sehr unterschiedlich ausfällt, er keine hilfreichen Strategien zur Veränderung der Situation hat oder er sich selbst zentrale Bedürfnisse versagt. Hier kann es für Herrn Meier hilfreich sein, einen ganzheitlichen Blick auf sein eigenes Leben zu werfen. Nur so kann er Dysbalancen erkennen und möglichen Ursachen auf den Grund gehen.

DIE 12 SPEICHEN

Ich möchte Sie in diesem Buch auf eine Entdeckungsreise mitnehmen – eine Entdeckungsreise zu sich selbst. Das Buch kann für Sie ein Reisebegleiter sein, der Sie an die Hand nimmt und Ihnen beim Erforschen Ihres Lebens helfend zur Seite steht. Dies geschieht durch Impulse, Reflexionsfragen, Übungen sowie kleine Experimente. Mein Wunsch ist es, dass Sie einen neugierigen Blick auf Ihr Leben werfen und dabei seine Einzigartigkeit entdecken und lieben lernen. Wenn Sie Ihr Leben mitsamt seiner »Speichen« im Blick haben, sind Sie in der Lage, es aktiv in die gewünschte Richtung zu lenken. Dieses Buch möchte Sie auf genau diesem Weg begleiten.

Im Buch geht es um 12 Lebensbereiche – oder um im Bild zu bleiben: Speichen. Jede dieser Speichen steht für einen ganz bestimmten Aspekt Ihres Lebens. Vielleicht fragen Sie sich, ob es dabei nicht genauso gut 10 oder 14 Speichen sein könnten? Sicher. Die im Buch vorgestellten 12 Bereiche haben sich jedoch in meiner Praxis-Arbeit[1] bewährt, weshalb ich Sie Ihnen in den folgenden Kapiteln vorstellen möchte. Ich lade Sie aber ein, die Themenbereiche nach Belieben um weitere zu ergänzen, sollten Sie den Eindruck haben, dass ein für Sie wichtiger Aspekt Ihres Lebens durch die hier aufgeführten Themen nicht ausreichend repräsentiert wird.

Die 12 Lebensbereiche sind nun folgende:

1. Familie
2. Partnerschaft
3. Freunde
4. Gesundheit
5. Fitness
6. Beruf

7. Finanzen
8. Entspannung
9. Freizeit
10. Sinn
11. Engagement
12. Gemeinschaft

Sie werden in jedem der Kapitel eingeladen, Ihre ganz persönliche Speichenlänge zu bestimmen. Es wird um so grundsätzliche Fragen gehen wie die, welche Bedeutung der jeweilige Bereich für Ihr Leben hat. Sie können verschiedene Aspekte Ihres Lebens reflektieren und so neue Blickwinkel entdecken und Perspektiven entwickeln. Es geht darum, den Ist-Zustand bewusster und klarer wahrzunehmen, eigene Handlungsoptionen auszuloten und zu entscheiden, wo es an der Zeit für Veränderung ist. Im Anschluss werfen wir gemeinsam einen Blick in die Bibel, um herauszufinden, was es dort zum Thema zu entdecken gibt. Außerdem werden wir uns mit der Frage auseinandersetzen, warum Ihre Speichen die Länge haben, die sie momentan haben. Ist das auch die Länge, die Sie sich wünschen? Was bräuchten die Speichen, um zu wachsen? Welche der vielen Speichen sollte am dringendsten nachjustiert werden? Was wünschen Sie sich und welche Schritte sind nötig, um dieses Ziel zu erreichen?

Das Wunderbare ist, dass kein Rad dem anderen gleicht. Sie sind einzigartig. Der Grund dafür liegt zum einen darin, dass jedes Leben, jede Lebenssituation einzigartig ist. Gott hat Sie einmalig gemacht. Zum anderen liegt es aber auch daran, dass die optimale Speichenlänge für jeden Menschen eine andere ist. Nehmen wir das Thema Fitness: Eine Person wünscht sich, noch lange fit genug zu sein, um beschwerdefrei mit den Enkelkindern auf dem Fußboden sitzen und spielen zu können. Ist das der Fall, so hat die Fitness-Speiche dieser Person die optimale Länge. Jemand anders hingegen mag als

Fitness-Ziel haben, in der Lage zu sein, einen 42-km-Marathon in unter drei Stunden zu laufen. Schmerzfrei auf dem Fußboden sitzen zu können, wäre für die Person eindeutig nicht der Optimalzustand.

Die große Frage, die Sie sich stellen können, ist die, was Sie sich für die jeweiligen Lebensbereiche wünschen. Das ist die maximale Speichenlänge. Und Sie haben Gelegenheit zu fragen, wie lang die Speiche aktuell ist. Dabei wird es wichtig sein, zwischen fremden und eigenen Zielen unterscheiden zu lernen. Stimmt es, dass Sie sich nur mit einem BMI im Normbereich in Ihrer Haut wohlfühlen können? Müssen Sie sich jedes Jahr mindestens eine Auslandsreise leisten können, um das Leben in vollen Zügen genießen zu können? Geht es nicht vielleicht auch anders? Ganz sicher! Die alles entscheidende Frage lautet: Was brauchen Sie? Es ist Ihr Rad. Sie allein entscheiden, wie Sie Ihre ganz persönliche optimale Speichenlänge definieren.

Noch ein Gedanke zum Schluss: Dieses Buch gibt Ihnen jede Menge Werkzeuge an die Hand. Diese können Sie jederzeit und in jeder beliebigen Situation selbstständig anwenden. Aber wie das mit Werkzeugen so ist: Sie sind immer nur so gut, wie der Handwerker, der sie benutzt. Auf die im Buch vorgestellten Werkzeuge übertragen bedeutet dies, dass das Lesen dieses Buches erst der Anfang ist. Sie sind gefragt: Werden Sie zum Entdecker Ihres Lebens, stellen Sie sich den Fragen, lassen Sie sich inspirieren durch die Impulse, setzen Sie sich mit den Übungen und Experimenten auseinander. Denn auch für dieses Buch gilt: Es ist immer nur so gut und nützlich, wie auch tatsächlich damit gearbeitet wird. Nehmen Sie sich dafür die nötige Zeit. Sie können sich beispielsweise jeden Monat einen Lebensbereich vornehmen und diesen näher erkunden. Die Reihenfolge ist flexibel, da die einzelnen Kapitel nicht aufeinander aufbauen. Wenn Sie nun verschiedene Dinge entdeckt und einen Überblick haben, folgt vielleicht Ihre nächste Entscheidung: Wollen

Sie einzelne Speichen »reparieren«? Bei welcher fangen Sie an? Es ist utopisch, alle Speichen auf einen Schlag bearbeiten zu wollen, und realistisch betrachtet werden nie alle Lebens-Speichen auf gleicher Länge sein. Hier wird bereits klar, dass das Bild mit den Speichen vieles verdeutlichen kann, jedoch auch seine Grenzen hat. Doch das Bild veranschaulicht, dass ein Leben mit starken Dysbalancen zu Schwierigkeiten führen kann, und es aber jedem Leben guttut, Dinge anzugehen und auszuloten.

Dies ist eine Reise, bei der Sie die Möglichkeit haben, viel Neues und Hilfreiches zu entdecken und in Ihr Leben zu integrieren. Genauso sind Sie aber auch eingeladen, Altes und Hinderliches abzulegen. Ich begleite Sie auf dieser Reise; den Weg gehen müssen Sie aber selbst. Diese Reise ist nichts für Pauschalreisende, die sich schnelle Standardantworten auf tiefe Fragen wünschen. Sie ist für Menschen gedacht, die sich der Einzigartigkeit ihres Lebens bewusst sind und denen klar ist, dass es daher einzigartiger Antworten und Lösungen bedarf. Eine Reise für Entdecker also. Sind Sie startklar? Dann freue ich mich auf die gemeinsame Reise mit Ihnen!

Es grüßt Sie sehr herzlich

Nicole Sturm

PS: Ich würde mich freuen, an Ihren Reiseerlebnissen teilzuhaben. Sie erreichen mich unter reisebegleiter@vorwaertsleben.de

IHR EINMALIGES RAD

Nutzen Sie die folgende Grafik, um sich einen ersten Eindruck von der aktuellen »Speichenlänge« Ihrer Räder zu verschaffen. Hierzu überlegen Sie sich, wie zufrieden Sie momentan mit den einzelnen Lebensbereichen sind. Die zehn Ringe stehen für eine Zufriedenheit zwischen 1 (innerster Ring) und 10 (äußerster Ring). Wenn Sie mit einem Aspekt Ihres Lebens, beispielsweise Ihrer Fitness, eher unzufrieden sind, markieren Sie vielleicht nur die Ringe 1-3. Empfinden Sie hingegen einen Lebensbereich, zum Beispiel Ihre finanzielle Situation, als optimal, markieren Sie alle zehn Ringe. Am Ende können Sie sehr plastisch sehen, ob Ihre »Räder« rundlaufen oder es starke Dysbalancen gibt.

FAMILIE
PARTNERSCHAFT
FREUNDE
GESUNDHEIT
FITNESS
BERUF
FINANZEN
ENTSPANNUNG
FREIZEIT
SINN
ENGAGEMENT
GEMEINSCHAFT

SPEICHE 1: FAMILIE

Wer gehört für Sie zu Ihrer Familie? Jeder definiert Familie anders. Für die einen handelt es sich um die eigene Herkunftsfamilie, um die Adoptiv- oder Pflegefamilie oder auch um die, die man selbst gegründet hat. Familie kann die Schwiegerfamilie miteinschließen, eine Patchwork-Konstellation sein, groß oder auch ganz klein, sehr nah oder auch sehr fern – räumlich oder aber emotional.

Jede Familie ist einmalig, jede Familie hat ihre ganz eigenen Dynamiken, Muster und Rituale. Familie prägt. Aus diesem Grund ist es so wichtig, sich mit ihr auseinanderzusetzen. Denn wenn Sie verstehen, wie Ihre eigene Familie »tickt«, verstehen Sie auch sich selbst oftmals besser. Das wiederum ist hilfreich im Miteinander mit anderen Menschen: Wenn Sie sich darüber im Klaren sind, dass Sie ein Mensch sind, der nicht nur, aber auch von seiner Familie in seinem Denken, Fühlen und Handeln geprägt wurde, können Sie entscheiden, wie Sie damit umgehen möchten. Und haben wahrscheinlich mehr Verständnis dafür, dass auch alle anderen Menschen, die Ihnen begegnen, Prägungen in sich tragen. Gerade bei der Gründung einer Familie treffen im wahrsten Sinne des Wortes oft (Prägungs-) Welten aufeinander.

Familie – für manche ein Ort der Geborgenheit, für andere ein Ort, an dem viel Negatives passiert ist. Auf den kommenden Seiten wird es darum gehen, Gutes sowie auch möglicherweise weniger Gutes in den Blick zu nehmen: Wofür können Sie dankbar sein? Wie ticken Sie als Familie? Was verbinden Sie mit ihr? Wie gehen Sie miteinander um?

Familie prägt. Das ist eine Tatsache, an der nicht zu rütteln ist. Tatsache ist jedoch auch, dass Sie frei sind zu entscheiden, wie Sie

mit diesen Prägungen umgehen: Möchten Sie sie konservieren, genauso weiterleben und an Ihre Kinder und Mitmenschen weiterreichen, weil Sie festgestellt haben, dass Sie ein Ja dazu haben? Oder möchten Sie in einen Reflexions- und Anpassungsprozess eintreten, um zu entscheiden, was bleiben darf und wo es an der Zeit ist, Dinge anders zu machen als bisher? Sie haben die Wahl.
Platz für Notizen:

IHRE AKTUELLE SPEICHENLÄNGE

Nun sind Sie gefragt! Bevor wir tiefer ins Thema einsteigen, lade ich Sie ein, sich über Ihre Zufriedenheit mit diesem Lebensbereich Gedanken zu machen: Sind Sie glücklich mit dem, wie es gerade läuft, gibt es massiven Handlungsbedarf oder liegt die Wahrheit irgendwo dazwischen? Auf einer Skala von 1 (sehr unzufrieden) bis 10 (optimal): Wie würden Sie Ihre Zufriedenheit mit dem Thema Familie einstufen?

1 – 2 – 3 – 4 – 5 – 6 – 7 – 8 – 9 – 10

An diesem Punkt kann es hilfreich sein, sich folgende Fragen zu stellen:

- Wie empfinden Sie das Miteinander innerhalb der Familie? Ist aufeinander Verlass?

- Herrscht ein guter Mix aus Nähe und Freiraum? Darf jedes Familienmitglied sich so zeigen, wie es ist?
- Verbringen Sie für Ihr Empfinden angemessen viel Zeit mit Ihrer Familie oder ist es eher zu wenig oder zu viel? Woran könnte das liegen?
- Ist Ihre Familie oder sind einzelne Familienmitglieder wichtige Bezugspersonen für Sie? Was zeichnet Ihre Beziehung zu ihnen aus?
- Gehen Sie aus Begegnungen mit Ihrer Familie mit gleich viel oder sogar mehr Energie raus, als Sie reingegangen sind?

Wichtig ist, dass es einzig und allein um Sie und Ihre Zufriedenheit mit dem Thema geht. Es geht nicht darum, was Nachbarn, Freunde, Familie oder Kollegen dazu meinen. Es geht um Sie: Wie zufrieden sind Sie mit diesem Lebensbereich? Dies ist eine Momentaufnahme. Wo liegt Ihr aktueller Zufriedenheitswert beim Thema Familie?

____

Woran machen Sie diesen fest?

____

____

____

____

____

FAMILIENLEBEN IN DER BIBEL

Gott hat den Menschen als Beziehungswesen geschaffen. Es fing damit an, dass er im Garten Eden, kurz nachdem er Adam erschaffen hatte, erkannte, dass dieser ein Gegenüber braucht, das ihm ähnelt. So wurde Eva ins Leben gerufen. Beiden gab Gott den Auftrag, fruchtbar zu sein und sich zu vermehren.

Die Bibel stellt Familien nicht idealisiert dar. Es gibt viele Geschichten über Streit, Auflehnung, Neid und sogar Mord. Gedacht war dieses Konstrukt jedoch dazu, dass Familienmitglieder füreinander da waren: Kinder sollten einerseits von den Eltern lernen. Dabei ging es sowohl um Glaubensfragen und die daraus resultierenden Werte als auch um den Beruf, den Jungen im Normalfall vom Vater erlernten. Auf der anderen Seite zeigten die Kinder ihre Wertschätzung den Eltern gegenüber darin, dass sie diese im Alter versorgten, denn so etwas wie Rente oder Altenheime gab es damals nicht. Für dieses Miteinander gab Gott den Menschen in der Bibel konkrete Anweisungen.

Als Jesus, Gottes Sohn, als Mensch geboren wurde, so geschah dies auch im Rahmen einer Familie. Er wuchs bei Maria, seiner Mutter, und ihrem Mann Josef, seinem Stiefvater, auf und bekam im Laufe der Jahre einige (Stief-)Geschwister. Sein Leben unterschied sich in weiten Teilen nicht großartig von dem anderer Kinder seiner Zeit. Auch er lernte den Beruf von Josef; auch er wurde von seinen Eltern im Glauben unterwiesen, auch er sorgte kurz vor seinem Tod für die Zukunft seiner Mutter vor.

Die Bibel spricht jedoch über die leibliche Familie hinaus noch von einer weiteren Dimension, nämlich der geistlichen Familie. Bei ihr zählt nicht Blutsverwandtschaft, sondern der geteilte Glaube an Gott, der jeden Menschen in seine Familie einlädt und adoptiert. An anderer Stelle spricht die Bibel von Jesus als unserem Bruder und

Gott als Vater, dem auch mütterliche Eigenschaften zugeschrieben werden.

Familien sind nicht perfekt – weder zu Zeiten der Bibel noch heute. Sie sollen ein Ort der Sicherheit sein, des gegenseitigen Vertrauens, der Fürsorge. Aber wo Menschen aufeinandertreffen, läuft es nicht immer rund und so, wie ursprünglich geplant. Gott weiß das. Er lädt Sie ein, Teil seiner Familie zu werden. Auch die besteht aus Menschen mit Fehlern, aber eben auch aus ihm, Gott, der so ganz anders ist. Bei ihm dürfen Sie ankommen, sein, heil werden, umlernen, stolpern, wieder aufstehen, befreit leben.

Überlegen Sie doch einmal: Wie sähe eine perfekte Familie Ihrer Meinung nach aus?

DIE DANKBARKEITSBRILLE

Was ist Ihr erster spontaner Gedanke, wenn Sie das Wort Familie hören? Kommen Glücksgefühle auf, weil sie für Sie einen Ort der Geborgenheit darstellt? Oder zieht sich Ihr Magen zusammen, weil es ein Ort ist, an dem tiefe Wunden entstanden sind?

An welche Menschen denken Sie? Wer ist für Sie Familie? Fassen Sie diesen Begriff sehr weit und haben auch die Tante vierten Grades noch im Blick, oder meint er nur den engsten Kreis: Eltern, Partner, mögliche Kinder …? Machen Sie Familie am Verwandtschaftsgrad fest oder an der Intensität der Beziehung? Womöglich rechnen Sie auch sehr gute Freunde dazu, die Ihnen so nahestehen, dass sie quasi in Ihre Familie »adoptiert« sind: Sie sind wie Geschwister, Blutsbrüder wie Winnetou und Old Shatterhand. Nehmen Sie sich einmal Zeit, um darüber nachzudenken, welche Personen Sie meinen, wenn Sie von Familie reden.

Nun lade ich Sie ein, sich Ihre Dankbarkeitsbrille aufzusetzen und durch diese besondere Brille einen Blick auf Ihre Familie zu werfen. Vielleicht fällt Ihnen das sehr leicht, weil die Beziehungen intakt und gut gepflegt sind. Es kann aber auch sein, dass es eine Herausforderung ist und zunächst einmal eine gewisse innere Abwehr hervorruft. Dies könnte beispielsweise dann der Fall sein, wenn viel schiefgelaufen ist oder noch immer schiefläuft: Vielleicht können Sie sich kaum vorstellen, dass es da etwas zum Danken zu finden gibt, oder aber Sie möchten gar nichts finden. Denn vielleicht würde es ja die Sicht verändern, weg von »doofe Familie« hin zu »doof mit ein paar guten Aspekten«. Ja, die Dankbarkeitsbrille aufzusetzen, erfordert Mut. Aber ich bin mir sicher, dass es sich lohnt!

Nehmen Sie Ihre Familie als Ganzes in den Blick, aber gerne auch jede einzelne Person in diesem Beziehungsgeflecht. Versuchen Sie, bei jeder Person mindestens eine Sache zu finden, für die Sie dankbar sind – es können auch Kleinigkeiten sein. Was haben Sie Gutes von ihnen mit auf den Weg bekommen? Mit wem gibt es schöne Erinnerungen? Wo haben Sie gerade durch eine herausfordernde Situation mit einem Familienmitglied etwas Hilfreiches lernen können? Wer gab Ihnen einen guten Rat, eine tröstende Umarmung, gute Gene mit? Wer hat Ihren Glauben auf positive Art geprägt? Denken Sie gerne auch quer. Womöglich können Sie an Ihrem Partner gerade nur wenig Gutes entdecken, weil Sie mitten in einer Beziehungskrise stecken. Aber vielleicht hat Ihr Partner Sie zur Mutter bzw. zum Vater gemacht von einem tollen Kind und dafür können Sie ihm dankbar sein?

Bei Dankbarkeit geht es nicht darum, Dinge schönzureden. Vielmehr geht es darum, sich darin zu üben, Ausschau nach dem Guten zu halten – auch und gerade in Zeiten und Situationen, wo Ihnen das nicht so Gute viel eher ins Auge sticht.

Platz für dankbare Gedanken in Bezug auf Ihre Familie:

VOM REDEN UND HÖREN

Ich weiß nicht, wie es Ihnen geht, aber ich rede viel bewusster und überlegter, wenn ich mit Fremden im Gespräch bin, als ich es in Gegenwart meiner Familie tue. In der Familie rede ich schnell und viel und denke oft erst beim Reden. Allerdings wäre es manchmal besser, es vorher zu tun. Jemand sagte einmal, dass Worte wie Federn sind: Einmal ausgesprochen, können sie nicht wieder zurückgenommen werden. Natürlich kann darauf eine Entschuldigung folgen – und sollte es auch, wenn sie unpassend waren. Sobald Worte aber Ohren und Herz des Gegenübers erreicht haben, haben sie wie

Pfeile ihr Ziel erreicht. Sie können zwar noch »gezogen« werden, und doch bleibt eine Wunde zurück. Manche dieser Wunden verheilen komplikationslos, andere bilden Narben, wieder andere entzünden sich und werden zu einem chronischen Problem.

Denken Sie doch einmal zurück: Wo sind Sie selbst schon einmal von Worten getroffen worden? Und was haben diese Worte mit Ihnen gemacht?

Wenn Sie an Ihre Familie denken und an die Art, wie dort miteinander gesprochen wird: Welche Worte werden in diesem Rahmen primär »abgeschossen« – verletzende oder heilsame? Wie steht es um die Worte, die Sie selbst sprechen?

Es ist jedoch nicht nur wichtig, sich der Worte, die gesprochen werden, bewusst zu werden. Genauso wichtig ist es, zu verstehen, wie unterschiedlich wir Worte hören und interpretieren. Friedemann Schulz von Thun hat hierzu das sogenannte 4-Ohren-Modell[2] entwickelt. Kurz gesagt geht es dabei darum, dass jede Aussage, jede Botschaft auf ganz unterschiedliche Art und Weise »gehört« werden kann. Ein typisches Beispiel hierfür ist der Satz: »Schatz, die Ampel ist grün.« Schulz von Thun nennt dazu vier verschiedene Hör- bzw. Deutungsebenen:[3]

1. Sachebene: Die Ampel ist grün.
2. Beziehungsebene: Ich bin dir überlegen, denn ich habe es vor dir gesehen.
3. Selbstoffenbarungsebene: Ich habe es sehr eilig.
4. Appell: Fahr endlich los, du Schnarchnase!

Jeder Mensch hat ein »Ohr«, auf dem er besonders gut hört: Die einen verstehen jede sachliche Information als Appell, etwas zu tun, andere hingegen als Aussage über die Beziehung. Es lohnt sich, sich einmal zu fragen, welches Ohr Sie selbst präferieren. Wie wirkt sich das auf Ihre Kommunikation aus? Wo kommt womöglich etwas anderes bei Ihnen an als vom Sender beabsichtigt? Und mit Blick auf Ihre Familie: Wie verhält es sich da? Was können Sie tun, um Kommunikation bewusst positiv zu beeinflussen?
Ihre Ideen für gute Kommunikation:

____

____

____

DEN NACHBARGARTEN WÄSSERN

Viele Familien fühlen sich als Einheit: Man kennt sich, hält zusammen und das ist etwas Tolles! Die Kehrseite der Medaille kann jedoch sein, dass Grenzen verschwimmen, der Einzelne im Familienverbund nicht mehr als autonomes Wesen wahrgenommen wird. Eine meiner Lieblingsgeschichten zum Thema Grenzen ist angelehnt an eine Geschichte, die Henry Cloud und John Townsend einmal erzählten.[4] Sie handelt von zwei Nachbarn; nennen wir sie Herr Verantwortlich und Herr Unverantwortlich. Herr Verantwortlich ist ein Mann, der seinen Garten liebt und sich gut um ihn kümmert. Eines heißen Sommertages fällt sein Blick auf den Garten seines Nachbarn. Herr Verantwortlich hat gerade den Rasensprenger angeschaltet. Er weiß aus Erfahrung: An solch heißen Tagen braucht sogar der robusteste Rasen eine extra Portion Zuwendung. Ein kurzer Blick auf den Rasen von Herrn Unverantwortlich macht ihm deutlich, dass dieser es mit der Zuwendung offensichtlich nicht ganz so genau nimmt. Vermutlich hat er gerade viel auf der Arbeit zu tun … Kurz entschlossen greift Herr Verantwortlich zum Rasensprenger und richtet diesen so aus, dass das Wasser nun das Nachbargrundstück trifft. Mit dem guten Gefühl, seinem Nachbarn geholfen zu haben, geht er zurück ins Haus.

Auch an den kommenden Tagen ist es heiß. Also greift Herr Verantwortlich erneut zum Rasensprenger und sorgt dafür, dass der Rasen von Herrn Unverantwortlich durch die Sonne keinen Schaden nimmt. Es ist ein heißer Sommer. Von Tag zu Tag wird der Griff zum Rasensprenger selbstverständlicher. Im Laufe der Zeit wird der Rasen von Herrn Unverantwortlich immer grüner, während Herrn Verantwortlich nicht mehr genug Energie bleibt, seinen eigenen Rasen zu pflegen.

Herr Unverantwortlich kommt abends oft erst spät von der Arbeit nach Hause – und er ist glücklich. Er sieht seinen robusten Rasen, der ganz ohne sein Zutun wächst und gedeiht, während der seines Nachbarn von Tag zu Tag brauner wird. Herr Unverantwortlich ist glücklich, Herr Verantwortlich hingegen wird zusehends ärgerlicher. Bis ihm schließlich der Kragen platzt. Eines Abends sieht er Herrn Unverantwortlich ganz entspannt auf der Terrasse sitzen. Er geht zum Gartenzaun und schnauzt ihn an: »Es ist eine Unverschämtheit, wie Sie Ihren Garten vernachlässigen!« Mit diesen Worten dreht er sich um, stampft wütend und erschöpft über seinen verbrannten Rasen zurück in sein Haus und knallt die Tür hinter sich zu. Herr Unverantwortlich starrt ihm kopfschüttelnd hinterher und murmelt: »Der sollte sich lieber mal um seinen eigenen Garten kümmern!« Dann lehnt er sich zurück, wohl wissend, dass das Grün seines Rasens Beweis genug ist, wer von ihnen der bessere Gärtner ist.

Auch in Familien kommt es oftmals vor, dass Grenzen nicht eingehalten werden. Manchmal stecken böse Absichten dahinter, häufig aber auch gute, so wie bei Herrn Verantwortlich. Einander zu unterstützen, ist etwas ganz Wunderbares. So sollte Familie sein. Problematisch wird es, wenn jemand sich ins Leben anderer einmischt, ohne vorher um Erlaubnis gebeten zu haben, ganz gleich wie ehrenhaft die Absichten auch sein mögen. Im schlimmsten Fall lässt es den Gebenden ausgebrannt zurück. Derjenige, dessen Grenze übertreten wird, fühlt sich durch die Grenzüberschreitung missachtet und übergangen. Zudem kann es passieren, dass der Impuls zu eigenverantwortlichem Handeln unterdrückt wird, so wie es bei Herrn Unverantwortlich der Fall war: Da sein Rasen so herrlich grün war, kam er gar nicht auf den Gedanken, selbst etwas tun zu müssen.

Wo haben Sie vielleicht schon einmal Grenzübertretungen erlebt, sei es innerhalb Ihrer Familie oder auch ganz allgemein? Wie möchten Sie in Zukunft mit Grenzen umgehen – eigenen sowie denen anderer? Wo wäre es wichtig, Grenzfragen zu klären?

IHR FAMILIEN-ZIEL

Zum Abschluss dieses Kapitels lade ich Sie ein, sich noch einmal eingehender mit Ihren Zielen auseinanderzusetzen: Was ist Ihr ganz persönliches Familien-Ziel? Was sind mögliche Zwischenziele? Was können Sie konkret tun, um diese zu erreichen? Hierzu habe ich einige Fragen zusammengestellt. Nehmen Sie sich Zeit, um darüber nachzudenken. Bedenken Sie: Es geht um Sie, um Ihr Leben und um Ihre Ziele – nicht die Ihrer Freunde, Familie, Kollegen etc. In diesem Sinne: Los geht's!

Auf einer Skala von 1 (sehr unzufrieden) bis 10 (optimal): Wie zufrieden sind Sie aktuell mit Ihrer familiären Situation? Hat sich eventuell durch die vorangegangenen Impulse etwas in Ihrer Wahrnehmung verändert? Kreuzen Sie die entsprechende Zahl an.

1 – 2 – 3 – 4 – 5 – 6 – 7 – 8 – 9 – 10

Wie sähe es in diesem Lebensbereich aus, wenn er eine 10 wäre?
Wenn er eine 10 wäre, dann ______________________________

Wo auf der Skala möchten Sie

- in vier Wochen stehen? ______________________________
- in drei Monaten stehen? ______________________________
- in einem Jahr stehen? ______________________________

Woran werden Sie festmachen können, dass Sie Ihr Ziel erreicht haben? Was hat sich bis dahin konkret verändert?

- In vier Wochen ______________________________
- In drei Monaten ______________________________
- In einem Jahr ______________________________

Hand aufs Herz: Wie wichtig ist es Ihnen, dass sich in diesem Lebensbereich etwas verändert?

- Sehr wichtig! Daher bin ich bereit, Zeit und Energie in diesen Prozess zu investieren.
- Veränderung wäre schön, aber andere Dinge haben Vorrang.
- Es ist mir nicht wichtig genug, etwas zu verändern.

Welche drei Dinge können Sie ab sofort tun/verändern?

1. ______________________________

2. ______________________________

3. ______________________________

Wie werden Sie diese Dinge konkret umsetzen – und wann?

Veränderung 1

- Das werde ich tun: ______________________
- Damit werde ich starten: ______________________

Veränderung 2

- Das werde ich tun: ______________________
- Damit werde ich starten: ______________________

Veränderung 3

- Das werde ich tun: ______________________
- Damit werde ich starten: ______________________

Diese Person werde ich bitten, mich zu unterstützen:

____

SPEICHE 2: PARTNERSCHAFT

Eine Beziehung startet oft mit Schmetterlingen im Bauch und der sprichwörtlichen rosaroten Brille auf der Nase. Während allen Beteiligten normalerweise klar ist, dass dieser Zustand nicht ewig anhält, ist das Erleben der Realität für viele verstörend: Der Alltagstrott schleicht sich ein, die Zeit zu zweit wird weniger, der Blick für die nicht immer nur positiven Eigenschaften des anderen hingegen geschärft. Dieser Kontrast zum Anfang der Beziehung ist hart. Die Herausforderung lautet nun, nicht gleich an der Beziehung zu zweifeln, sie nicht vorschnell wegzuwerfen, sondern daran zu arbeiten: sich mit der eigenen rosaroten Brille auseinanderzusetzen, Herausforderungen anzusprechen und anzugehen, Perspektiven zu entwickeln.

Was eine Partnerschaft von anderen Beziehungen wie beispielsweise denen innerhalb einer Familie oder zu Freunden unterscheidet, ist der Abstand: Während Sie alle anderen Menschen meist nur alle paar Tage, manchmal sogar nur alle paar Wochen oder Monate sehen, ist es mit dem Partner anders. Sie teilen sich ein Zuhause, sehen sich normalerweise täglich – es gibt kaum natürliche Möglichkeiten, Abstand zueinander zu gewinnen, um beispielsweise Dinge zu reflektieren, mal für sich zu sein etc. Gerade dieser Abstand ist aber wichtig. Jeder Partner entwickelt sich im Laufe der Beziehung weiter, jedoch in unterschiedlichem Tempo und in ganz unterschiedlichen Bereichen. Diese Entwicklung läuft meist nicht parallel. Verändert sich eine Person, hat dies immer auch Auswirkungen auf sein Umfeld – am meisten auf die Menschen, die in engem Kontakt zu ihr stehen.

Partnerschaft bedeutet, sich immer wieder aufeinander einzuschwingen. Es bedeutet Nähe und gleichzeitig Raum für jeden Einzelnen. Dies ist der Ort, an dem sich Dinge wie unter einem Brennglas verdichten: Bedürfnisse und Macken, Prägungen und Persönlichkeit etc. Gehen Sie auf den folgenden Seiten auf Entdeckungsreise und lernen Sie sich und Ihren Partner vielleicht von einer ganz neuen Seite kennen. Die Beziehung zu Ihrem Partner kann eine enorme Kraftquelle sein, ein Ruhepol, ein sicherer Hafen. Es lohnt sich, in diese besondere Beziehung zu investieren! Sollten Sie sich aktuell in keiner Partnerschaft befinden, so können Sie dennoch viele Impulse für Ihre anderen Beziehungen mitnehmen, in denen aufgrund der größeren räumlichen Distanz die Impulse sogar leichter umsctzbar sind.

IHRE AKTUELLE SPEICHENLÄNGE

Nun sind Sie gefragt! Ich lade Sie ein, sich über Ihre Zufriedenheit mit diesem Lebensbereich Gedanken zu machen: Sind Sie glücklich mit dem, wie es gerade läuft, gibt es massiven Handlungsbedarf oder liegt die Wahrheit irgendwo dazwischen? Auf einer Skala von 1 (sehr unzufrieden) bis 10 (optimal): Wie würden Sie Ihre Zufriedenheit mit dem Thema Partnerschaft einstufen?

1 – 2 – 3 – 4 – 5 – 6 – 7 – 8 – 9 – 10

An diesem Punkt kann es hilfreich sein, sich folgende Fragen zu stellen:

- Empfinden Sie Ihre Beziehung als »auf Augenhöhe«?
- Fühlen Sie sich in Ihrer Partnerschaft sicher? Wie groß ist das gegenseitige Vertrauen zueinander?
- Wenn Sie Ihre Beziehung mit drei Worten beschreiben sollten, welche wären es?
- Wie viel Zeit zu zweit verbringen Sie? Wofür nutzen Sie diese Zeit? Ist sie fest eingeplant oder eher ein Zufallsprodukt?
- Können Sie ehrlich und offen über alles reden, was Sie bewegt? Fühlen Sie sich gesehen und verstanden?

Wichtig ist, dass es einzig und allein um Sie und Ihre Zufriedenheit mit dem Thema geht. Es geht nicht darum, was Nachbarn, Freunde, Familie oder Kollegen über Ihre Beziehung denken. Es geht um Sie: Wie zufrieden sind Sie mit diesem Lebensbereich? Dies ist eine Momentaufnahme.
Wo liegt Ihr aktueller Zufriedenheitswert beim Thema Partnerschaft?

Woran machen Sie diesen fest?

BEZIEHUNGEN IN DER BIBEL

Partnerschaft, Beziehung, Ehe … zwei Menschen beschließen, gemeinsam durchs Leben zu gehen. Sie sind sich sicher, dass sie füreinander geschaffen sind. Wie sonst kann es sein, dass ihr Herz Purzelbäume schlägt, sobald einer den anderen sieht? Es muss Liebe sein!

Es gibt Beziehungen, in denen das Herz auch nach 50 Jahren noch vor Freude jubelt, wenn beide Partner sich sehen. Es gibt aber auch Beziehungen, in denen es bereits nach fünf Monaten nicht mehr kribbelt. Die meisten Beziehungen durchleben im Laufe der Zeit kleinere oder auch größere Krisen. Es ist eine Tatsache, dass eine Partnerschaft aus Menschen besteht – Menschen mit Ecken und Kanten, einer Geschichte, Prägung, Hoffnungen und Ängsten. Die Bibel sagt an keiner Stelle, dass Ehe mühelos gelingt. Sie sagt jedoch, dass man sie nicht übereilt wegwerfen soll.

Entscheiden sich zwei Menschen, gemeinsam durchs Leben zu gehen und zu heiraten, so bilden sie eine neue Einheit. Natürlich sind sie noch Teil ihrer Herkunftsfamilie, sie schaffen aber gleichzeitig eine neue – und die hat ab jetzt Priorität. Die Bibel kennt viele Beispiele von Paaren: solche, die lebenslang allen Herausforderungen erfolgreich getrotzt haben, aber auch solche, die gescheitert sind – manchmal an Kleinigkeiten. Sie erzählt von Fremdgängern ebenso wie von ewig Treuen, von Vergebung und Neuanfängen.

Heutzutage gibt es eine Unmenge von Beziehungsratgebern, darunter auch einige wirklich gute. Vielen Paaren würde es jedoch schon viel bringen, einen simplen Grundsatz der Bibel zu befolgen, der im Übrigen für jede Form des Miteinanders gilt: Behandle andere so, wie du selbst von ihnen behandelt werden möchtest! Wir Menschen sind für das Miteinander geschaffen. Deshalb lohnt es sich, in gesunde Beziehungen zu investieren – auch und gerade in die Partnerschaft.

Wenn Sie eine »goldene Regel« für ein gutes Miteinander aufstellen sollten – oder auch gleich mehrere: Welche wäre(n) das?

DER FLECK

Vor einiger Zeit erzählte mir jemand die Geschichte von einer Lehrerin, die im Kunstunterricht eine Klassenarbeit schreiben ließ. Die Schüler bekamen die Aufgabe, ein Bild, das die Lehrerin zuvor ausgesucht hatte, so präzise wie möglich zu beschreiben und in ihren Heften festzuhalten. Die Kinder waren begeistert, denn die Aufgabe erschien ihnen leicht. Das Bild zeigte einen weißen Hintergrund und an der unteren rechten Ecke einen Fleck. Sobald die Klassenarbeitshefte verteilt waren, fing die Klasse an, den Fleck in allen Details zu beschreiben. Sie gingen dabei auf seine Form ein, seine Farbe, die Platzierung im Bild. Als die Kinder die Klassenarbeit in der darauffolgenden Woche zurückbekamen, war ihre Überraschung groß: Statt der erwarteten Einsen und Zweien hatte es massenweise Vieren gehagelt. Wie konnte das sein, bei solch einer einfachen Aufgabe?

Das Problem war, dass die Klasse zwar in aller Ausführlichkeit den Fleck beschrieben, den Rest des Bildes, nämlich den strahlend weißen Hintergrund, in der Regel jedoch nur in einem kurzen Nebensatz abgefertigt hatte. Vielen Menschen geht es im wirklichen Leben ganz ähnlich: Sie schauen wie gebannt auf den »Fleck«

in ihrem Leben, in ihrer Partnerschaft: auf das, was nicht ihrem Bild von einem gelungenen Leben, einer perfekten Partnerschaft entspricht. Sie starren auf die Herausforderungen, auf die Macken des anderen, auf das Unvollkommene und verlieren dabei den Blick für die guten Dinge, die es trotz allem noch gibt. Vielleicht ist der Partner nicht mehr so aufmerksam wie zu Beginn der Beziehung, aber auf sein Wort ist noch immer Verlass. Womöglich nehmen Arbeit und Kinder einen großen Teil der Zeit ein, was eine Herausforderung ist – wenn sich das Paar aber bewusst Zeit füreinander nimmt, ist es noch immer so schön wie früher. Viele Dinge sind so selbstverständlich geworden, dass sie keines Blickes bzw. Gedankens mehr gewürdigt werden.

Den Blick für das Positive im eigenen Leben und in der Partnerschaft zu schärfen, ohne dabei die Augen vor den Herausforderungen zu verschließen, können Sie üben. Es ist Training. Hier ein paar Ideen:

- Wenn Sie sich über Ihren Partner ärgern, versuchen Sie, mindestens eine Sache zu finden, die Sie an ihm oder ihr schätzen.
- Fangen Sie an, Ihrem Partner täglich mindestens einmal etwas Nettes zu sagen – im Idealfall auch mehr als einmal und möglichst immer wieder etwas anderes.
- Führen Sie ein Partnerschafts-Dankbarkeits-Tagebuch, in das Sie täglich mindestens eine Sache eintragen, für die Sie dankbar sind.
- Bitten Sie Gott, Ihren Blick für das Gute in Ihrer Beziehung zu schärfen – und Ihnen zu helfen, die Herausforderungen zu meistern.

Durch diese kleinen Übungen schärfen Sie Ihren Blick für das Gute. Ein Zuwachs an Zuversicht, Mut und Lebendigkeit sind die Folge. Probieren Sie es doch einmal aus!

Wie können Sie Ihren Blick für das Gute in Ihrer Partnerschaft schärfen?

WAS MÖCHTEN SIE WIRKLICH?

Frau Müller ist schon morgens von ihrem Mann genervt. Sie hat den Frühstückstisch gedeckt, den Kaffee gekocht, die Zeitung reingeholt. Und ihr Mann? Der kommt in die Küche, setzt sich wortlos an den Tisch, schlägt die Zeitung auf, liest und isst. Am Anfang ihrer Beziehung hat sie das noch gar nicht großartig gestört, aber mittlerweile bringt es Frau Müller täglich innerlich zum Brodeln. Wäre ein Dank denn zu viel verlangt?

Beziehungen werden nicht auf Wolke sieben gelebt, sondern auf der Erde, im realen Alltag. Dementsprechend gibt es immer wieder Situationen, in denen Beziehungen sich bewähren müssen.

Dies gilt besonders für Partnerschaften, die oftmals mit den sprichwörtlichen Schmetterlingen im Bauch und der rosaroten Brille auf der Nase angefangen haben. Im Laufe der Zeit lässt das Prickeln nach; die Partner lernen sich besser kennen und entdecken die – nicht immer nur positiven – Eigenarten des anderen. Das ist eigentlich etwas Gutes, denn so sehen beide den anderen mit mehr Facetten, als es zu Beginn der Beziehung der Fall war. Es mag aber auch enttäuschen, wenn das Gegenüber zu Beginn sehr stark idealisiert wurde.

Vielleicht kennen Sie aus Ihrer eigenen Partnerschaft Situationen, in denen Sie schon einmal dachten: Das will ich so nicht. Oder auch: So will ich ihn bzw. sie nicht. Etwas läuft nicht mehr rund. Das wahrzunehmen, ist ein wichtiger Schritt. Jedoch sollten Sie hier nicht stehen bleiben. Immer nur zu sagen, was Sie nicht mehr wollen, bringt Sie meist nicht groß weiter. Denn indem Sie sagen, was Sie nicht mehr wollen, haben Sie noch lange nicht geklärt, geschweige denn kommuniziert, was Sie denn stattdessen möchten. Das positive Ziel beschreiben zu können, hat eine ganz andere Kraft, als nur zu sagen, was Sie nicht mehr möchten.

Vielen Menschen fällt es vergleichsweise leicht zu sagen, was stört. Frau Müller würde vermutlich über die Undankbarkeit ihres Mannes reden und darüber, dass die Zeitung nervt. Aber wäre ihr Ziel wirklich erreicht, wenn sie ihm die Zeitung bis nach dem Frühstück vorenthielte? Oder wenn er ihr robotergleich allmorgendlich für den gedeckten Tisch dankte? Geht es um ein Stück Papier oder eine bestimmte Wortfolge? Oder geht es ihr vielmehr darum, dass sie mit ihrem morgendlichen Einsatz gerne wahrgenommen werden möchte – und um einen Dank als Antwort des Herzens? Geht es ihr um die Möglichkeit, Zeit miteinander zu verbringen und sich auszutauschen, bevor sie in den oft hektischen Tag starten, statt nur die gleiche Luft zu atmen, aber ohne echte Nähe?

Versuchen Sie es doch einmal selbst: Denken Sie an eine Situation, die Sie stört. Wie könnten Sie Ihren Wunsch auf positive Art formulieren? Und ja, Sie haben vollkommen recht: Das ist gar nicht so einfach. Denn um ein solches Ziel benennen zu können, muss ein innerer Klärungsprozess vorausgegangen sein: Worum geht es Ihnen wirklich? Was ist Ihr Ziel? Was möchten Sie stattdessen? Was macht die Situation, so wie sie jetzt ist, mit Ihnen? Vor allem geht es darum, nicht einfach dem anderen vorzuschreiben, wie er oder sie sich in Zukunft zu verhalten hat. Es geht vielmehr darum, Klarheit darüber zu erlangen, wie Sie selbst in Zukunft anders mit solchen Situationen umgehen möchten. Wo möchten Sie Dinge ansprechen, was in Zukunft anders machen, wo Grenzen ziehen etc.?

Ihre Situation:

Ihr Wunsch:

Was können Sie aktiv tun?

BERGE BEZWINGEN

Vielleicht gehören auch Sie zu den Menschen, die etwas oder jemanden retten wollen: vom Aussterben bedrohte Tiere, die Natur, im Mittelmeer ertrinkende Flüchtlinge, den regionalen Dialekt, verunglückte Menschen oder auch Ihre eigene Ehe. Es sind große Vorhaben, bei denen Sie vielleicht auch direkt resigniert aufgeben: Die Herausforderung scheint zu groß. Sie ähnelt einem riesigen Berg: einschüchternd, überwältigend und nahezu unbezwingbar. Beim Anblick dieses Berges verfallen Sie in eine Art Schockstarre. »Ich brauche gar nicht erst versuchen, ihn zu bezwingen, so groß wie der ist. Die Zeit und Energie kann ich mir sparen«, denken Sie vielleicht. Entmutigung macht sich breit, Resignation – Sie geben auf.

Was man über Herausforderungs-Berge jedoch wissen sollte, ist, dass sie echte Poser sind: Sie blähen sich auf, machen einen auf unbezwingbar – sie sind es aber nicht! Den Fehler, den viele Menschen beim Versuch, diese Art Berge zu bezwingen, machen, ist, dass sie die Berge im Sprint-Tempo angehen statt im Dauerlauf-Modus. Das Problem beim Sprint-Tempo: Es geht Ihnen binnen kürzester Zeit die Puste aus. Statt also im Schweinsgalopp drauflos zu pesen, sollten Sie es lieber etwas langsamer angehen, dafür aber mit dem nötigen Respekt vor der Aufgabe, einem guten Plan und einer Portion berechtigter Zuversicht.

Wie müsste solch ein guter Schlachtplan zur Bezwingung eines Herausforderungs-Berges aussehen? Ganz wichtig: möglichst kleinschrittig. Nehmen Sie das Thema Partnerschaft: Sagen Sie nicht »Die muss ich retten!«, sondern brechen Sie die Aufgabe herunter. »Dankbarkeitsbrille aufsetzen und den Partner dadurch betrachten«, könnte einer der Punkte auf Ihrer Liste lauten. »Mehr miteinander reden«, wäre ein weiterer möglicher Punkt, jedoch ist er noch etwas zu unkonkret. Wie genau könnte das aussehen? Gerade wenn sich gewisse Muster eingeschliffen haben, oft auch über Jahre, ist es hilf-

reich, sich kleine »Übungsfelder« auszusuchen und darin zu »trainieren«. Das könnte bedeuten, morgens mit echtem Interesse nachzufragen, was bei Ihrem Partner am heutigen Tag ansteht. Oder selbst den Anfang zu machen und vor dem Schlafengehen eine Sache von Ihnen selbst preiszugeben. Versuchen Sie, Ihre Schritte hin zum Ziel möglichst genau zu benennen. Was muss geschehen, damit der Berg bezwungen werden kann? Brechen Sie jeden Schritt in möglichst viele Einzelschritte herunter. Dadurch wird die Liste deutlich länger, als wenn Sie nur ein paar Oberthemen auflisten. Aber je kleinschrittiger Sie das Projekt angehen, desto machbarer wird es. Und jeder abgehakte Punkt gibt Ihnen das gute Gefühl, Ihrem Ziel wieder einen Schritt näher gekommen zu sein. Noch ein letzter Hinweis: Setzen Sie nur Dinge auf Ihre Bergbezwinger-Liste, auf die Sie selbst Einfluss haben. Nehmen Sie gerne auch Gott mit ins Boot.
Erste Ideen, um Ihre Partnerschaft zu verbessern:

____

____

____

Weiter heruntergebrochen bedeutet das:

____

____

____

IHR PARTNERSCHAFTS-ZIEL

Zum Abschluss dieses Kapitels lade ich Sie ein, sich noch einmal eingehender mit Ihren Zielen auseinanderzusetzen: Was ist Ihr ganz persönliches Partnerschafts-Ziel? Was sind mögliche Zwischenziele? Was können Sie konkret tun, um diese zu erreichen? Hierzu habe ich einige Fragen zusammengestellt. Nehmen Sie sich Zeit, um darüber nachzudenken. Bedenken Sie: Es geht um Sie, um Ihr Leben und um Ihre Ziele – nicht die Ihrer Freunde, Familie, Kollegen etc. In diesem Sinne: Los geht's!

Auf einer Skala von 1 (sehr unzufrieden) bis 10 (optimal): Wie zufrieden sind Sie aktuell mit dem Thema Partnerschaft in Ihrem Leben? Hat sich eventuell durch die vorangegangenen Impulse etwas in Ihrer Wahrnehmung verändert? Kreuzen Sie die entsprechende Zahl an.

1 – 2 – 3 – 4 – 5 – 6 – 7 – 8 – 9 – 10

Wie sähe es in diesem Lebensbereich aus, wenn er eine 10 wäre?
Wenn er eine 10 wäre, dann ______________________

Wo auf der Skala möchten Sie …
- in vier Wochen stehen? ______________________
- in drei Monaten stehen? ______________________
- in einem Jahr stehen? ______________________

Woran werden Sie festmachen können, dass Sie Ihr Ziel erreicht haben? Was hat sich bis dahin konkret verändert?
- In vier Wochen ______________________
- In drei Monaten ______________________

- In einem Jahr ___________________________

Hand aufs Herz: Wie wichtig ist es Ihnen, dass sich in diesem Lebensbereich etwas verändert?

- Sehr wichtig! Daher bin ich bereit, Zeit und Energie in diesen Prozess zu investieren.
- Veränderung wäre schön, aber andere Dinge haben gerade Vorrang.
- Es ist mir nicht wichtig genug, etwas zu verändern.

Welche drei Dinge können Sie ab sofort tun/verändern, um Ihrem Ziel näher zu kommen?

1. ___________________________

2. ___________________________

3. ___________________________

Wie werden Sie diese Dinge konkret umsetzen – und wann?

Veränderung 1

- Das werde ich tun: ___________________________
- Damit werde ich starten: ___________________________

Veränderung 2

- Das werde ich tun: ___________________________
- Damit werde ich starten: ___________________________

Veränderung 3

- Das werde ich tun: ___
- Damit werde ich starten: ___

Diese Person werde ich bitten, mich zu unterstützen:

___

SPEICHE 3: FREUNDE

Ist das Thema Freundschaft für Sie ein Lebensbereich, in dem »es passt«, oder stimmt er Sie eher traurig? Womöglich wünschen Sie sich einen größeren Freundeskreis oder aber Sie haben viele Bekannte, aber es fehlt das, was meine Tochter als »BFF« bezeichnen würden: best friend forever, also der eine Freund, mit dem Sie durch dick und dünn gehen. Vielleicht ist es aber auch ganz anders und die Freunde wohnen aufgrund diverser Umzüge nicht mal eben um die Ecke, sondern übers ganze Land verteilt. Auch das kann eine Herausforderung sein.

Jeder Mensch tickt anders: So gibt es Menschen, die absolut zufrieden mit ein oder zwei Freunden sind, andere hingegen brauchen mehr, um in diesem Lebensbereich glücklich zu sein. Spannend ist zudem, wie unterschiedlich das Wort Freund gefüllt wird. Spätestens in Zeiten von Facebook & Co. ist es für viele Menschen vollkommen normal, Hunderte »Freunde« zu haben, manchmal sogar über tausend – zumindest in ihren Freundeslisten in den sozialen Medien. Aber sind das wirklich alles Freunde?

In meiner Praxis höre ich immer wieder von Klienten, dass sie zwar sehr viele Freunde haben, jedoch niemanden, bei dem sie ganz sie selbst sein können. Aus diesem Grund unterscheide ich persönlich gerne zwischen den Begriffen »Bekannte« und »Freunde«. Manch einer mag das für Haarspalterei halten. Ich habe auch schon erlebt, dass Menschen gesagt haben, sie würden sich zurückgesetzt fühlen, wenn sie wüssten, dass sie in die Kategorie Bekannte und nicht in Freunde eingeordnet wären. Dabei ist der Begriff Bekannter in meinem Wortgebrauch absolut nicht negativ belegt. Er hilft mir jedoch, dieses Thema besser zu greifen. Ich kann mit Bekannten tiefe Gespräche führen und stundenlang rumalbern, kann voller Energie nach Hause kommen und mich beim Abschied schon auf ein Wiedersehen freuen. Und doch sind es (noch) keine Freunde, so wie ich das Wort definiere. Das kann beispielsweise daran liegen, dass wir uns noch nicht so lange kennen und noch keine Tiefen miteinander erlebt haben.

Dies sind meine Gedanken und die müssen für Sie und Ihre Beziehungen absolut nicht zutreffen. Daher lade ich Sie ein, sich Ihre eigenen Gedanken zu machen. Werfen Sie einen Blick auf Ihre Beziehungen, reflektieren Sie über Ihre Erwartungen an einen echten Freund und lassen Sie sich überraschen, was Sie dabei entdecken werden! Sie sind einmalig. Ihre Lebensgeschichte ist einmalig. Ihre Bedürfnisse sind einmalig. Geben Sie sich selbst die Erlaubnis, einmalige Freundschaften zu pflegen – solche, die zu Ihnen passen.

IHRE AKTUELLE SPEICHENLÄNGE

Nun sind Sie gefragt! Ich lade Sie ein, sich über Ihre Zufriedenheit mit diesem Lebensbereich Gedanken zu machen: Sind Sie glücklich mit dem, wie es gerade läuft, gibt es massiven Handlungsbedarf oder liegt die Wahrheit irgendwo dazwischen? Auf einer Skala von 1 (sehr unzufrieden) bis 10 (optimal): Wie würden Sie Ihre Zufriedenheit mit dem Thema Freundschaft einstufen?

1 – 2 – 3 – 4 – 5 – 6 – 7 – 8 – 9 – 10

An diesem Punkt kann es hilfreich sein, sich folgende Fragen zu stellen:

- Haben Sie Menschen an Ihrer Seite, in deren Gegenwart Sie ganz Sie selbst sein können?
- Herrscht in diesen Beziehungen ein gegenseitiges Geben und Nehmen oder ist sie eher einseitig?
- Verbringen Sie so viel Zeit miteinander, wie es Ihnen und der Beziehung guttun würde?
- Handelt es sich um Kontakte, die das Prädikat »Freund« verdienen, oder eher um lose Bekanntschaften?
- Sind Sie mit der Anzahl Ihrer Freunde zufrieden?

Wichtig ist, dass es einzig und allein um Sie und Ihre Zufriedenheit mit dem Thema geht. Es geht nicht darum, was Nachbarn, Freunde, Familie oder Kollegen meinen. Es geht um Sie: Wie zufrieden sind Sie mit diesem Lebensbereich? Dies ist eine Momentaufnahme.
Wo liegt Ihr aktueller Zufriedenheitswert beim Thema Freundschaft?

____

Woran machen Sie diesen fest?

____

____

____

____

FREUNDSCHAFTEN IN DER BIBEL

»Ein Freund, ein guter Freund, das ist das Beste, was es gibt auf der Welt. Ein Freund bleibt immer Freund, auch wenn die ganze Welt zusammenfällt. Drum sei auch nie betrübt, wenn dein Schatz dich nicht mehr liebt. Ein Freund, ein guter Freund, das ist der größte Schatz, den's gibt.« Dieses Lied aus der Tonfilm-Operette »Die Drei von der Tankstelle« kennen viele – spätestens seit die Comedian Harmonists es 1990 nochmals vertont haben.

Nicht nur sie stimmen ein Loblied auf die Freundschaft an: Auch in der Bibel gibt es viele Beispiele dafür, wie Freundschaft gelebt werden und was sie bewirken kann. Viele kennen die Geschichte von David und Jonathan aus dem Alten Testament. Es ist die Geschichte einer Freundschaft, die auch in äußerst herausfordernden Zeiten des Lebens Bestand hatte. David und Jonathan standen füreinander ein.

Eine andere Geschichte, meine persönliche Freundschafts-Lieblingsgeschichte der Bibel, ist die von einem gelähmten Mann und seinen Freunden. Sie erzählt davon, wie die Freunde des Gelähmten auf das Dach eines Hauses stiegen, in dem Jesus sich gerade aufhielt. Sie deckten das Dach ab und ließen ihren Freund auf einer Trage hinunter, damit Jesus ihn heilte.

Mit dieser Aktion riskierten sie Ärger seitens des Hausbesitzers und sicher schüttelten viele der Umstehenden den Kopf angesichts dieser Aktion. Aber ihr Freund war es ihnen wert. Sie wollten, dass er die Chance auf Heilung bekommt – nicht irgendwann, sondern jetzt. Also handelten sie – als Freunde.

Im Buch der Sprüche gibt es etliche Aussagen über den Wert echter Freundschaft. Jesus selbst machte es vor: Er ließ sein Leben für seine Freunde, für die Menschen, die an ihn glauben – für uns. Dieser Liebesbeweis ist der größte der Geschichte.

Denken Sie doch einmal zurück: Wo hat Ihnen schon mal jemand seine Freundschaft gezeigt? Wo haben Sie sich jemandem als Freund bewiesen?

WAS IST EIN FREUND?

Freundschaft – ein Thema, das große Erwartungen mit sich bringt: sowohl an den anderen als auch an einen selbst. Im Folgenden möchte ich Sie einladen, sich Ihrer eigenen Erwartungen an das Thema bewusst zu werden. Als kleine Hilfestellung finden Sie hier einige Fragen, denen Sie nachspüren können. Es hat sich als hilfreich erwiesen, dies schriftlich zu tun. Nutzen Sie hierzu wahlweise den Platz im Buch oder notieren Sie sich Ihre Antworten und Gedanken auf einem separaten Blatt Papier.
Was macht einen echten Freund bzw. Freundschaft aus?

Was erwarten Sie von einer Freundschaft bzw. einem Freund? Was sind Ihre Wünsche? (Und um noch einen Schritt weiterzugehen: Weiß Ihr Gegenüber davon? Haben Sie jemals darüber gesprochen oder gehen Sie einfach davon aus, dass das »klar« ist?)

Was bringen Sie in Freundschaften ein? Was macht Sie zu einem guten Freund?

Was tun Sie, um Freundschaften lebendig zu halten? Tun Sie es bewusst und regelmäßig?

Was ist Ihr Bild von Freundschaft: Ist sie für die Ewigkeit gemacht oder etwas mit »Ablaufdatum«?

Wie wichtig sind Ihnen Freundschaften?

[ ] sehr wichtig [ ] wichtig [ ] eher unwichtig
[ ] unwichtig

Wie viele Freunde hätten Sie gerne? Wie viele Menschen, die diesen Titel verdient haben, sind es aktuell?

Wunsch: ____________________ aktuell: ____________________

Falls Sie gerne (mehr) Freunde hätten, Sie aber momentan keine bzw. nicht die Anzahl haben, die Sie sich wünschen: Was für Ideen haben Sie, um welche zu finden? Was haben Sie in der Vergangenheit schon bewusst unternommen?

____

____

____

Muss es immer »der eine beste Freund« sein, der alle Facetten abdeckt (z. B. tiefe Gespräche führen, Glauben teilen, Spaß haben, gemeinsame Hobbys, wohnt um die Ecke, ähnliche Lebenssituation), oder wären auch verschiedene Freunde denkbar, die jeweils unterschiedliche Bedürfnisse abdecken?

____

____

____

Was sind die wichtigsten Erkenntnisse, Gedanken und Aha-Momente, die sich aus der Beantwortung der obigen Fragen ergeben haben? Halten Sie sie gerne ebenfalls kurz schriftlich fest.

DER KALENDERTEST

Heute möchte ich Sie zu einem kleinen Experiment einladen. Es dauert nicht lange, hat in der Vergangenheit aber schon für so manchen Aha-Effekt gesorgt. Was Sie dafür benötigen, ist nichts weiter als Ihr Adressbuch – wahlweise ganz klassisch in Papierform oder alternativ die Kontaktliste des Handys – sowie Ihren Terminkalender. Sind Sie bereit?

Als Erstes nehmen Sie bitte Ihr Adressbuch. Schreiben Sie die Namen aller Personen heraus, von denen Sie sagen: »Das sind meine Freunde bzw. Lieblingsmenschen! Mit ihnen verbringe ich gerne Zeit. Diese Menschen tun mir gut – aus Begegnungen mit ihnen gehe ich mit mindestens so viel Energie raus, wie ich reingegangen bin.« Legen Sie den Zettel mit den Namen zur Seite.

Als Nächstes möchte ich Sie bitten, einen Blick in Ihren Kalender zu werfen. Konkret geht es dabei um die Frage, welche Menschen darin die meiste Zeit einnehmen. Gemeint sind hierbei nicht die Kollegen, die Sie bei der Arbeit treffen, oder die Familie daheim. Es geht um Verabredungen. Welche Namen tauchen hier am häufigsten auf? Schreiben Sie diese Namen auf einen zweiten Zettel.

In einem dritten und letzten Schritt lade ich Sie ein, die beiden Namenslisten nebeneinanderzulegen. Gleichen sie sich, gibt es Überschneidungen oder sind es womöglich zwei mehr oder weniger komplett unterschiedliche Listen?

Hintergrund dieses kleinen Experiments ist folgender: Bestimmt haben Sie wie die meisten Menschen ein natürliches Gespür dafür, wer die Menschen in Ihrem Leben sind, die Ihnen guttun – Freunde, Lieblingsmenschen, ganz gleich, wie Sie sie nennen mögen. Es tut gut, Zeit mit ihnen zu verbringen: live und in Farbe oder aber per Telefon, Skype etc. Jedoch kommt es sicher auch bei Ihnen oft vor, dass Sie so viele Dinge im Kalender stehen haben, dass kaum Zeit bleibt für diese besondere Gruppe Menschen.

Auch ein anderes Phänomen ist vielfach zu beobachten: Stellen Sie sich vor, es geht Ihnen nicht gut. Vielleicht war die Woche stressig oder Sie sind angeschlagen. Eigentlich steht abends ein Treffen mit einem dieser Lieblingsmenschen an. Im Laufe des Tages schicken Sie sich noch eine WhatsApp-Nachricht, und was passiert? Der Lieblingsmensch hat direkt gemerkt, dass bei Ihnen die Luft raus ist – und schlägt vor, dass Sie sich lieber einen ruhigen Abend gönnen, um wieder zu Kräften zu kommen. Das Treffen wird verschoben. Auf diese Weise haben eine gute Bekannte und ich es geschafft, uns über zwei Monate lang nicht zu treffen, weil mal bei ihr, mal bei mir etwas war, worauf die jeweils andere Rücksicht genommen hat. Puh! Andere Menschen hingegen würden nie auf die Idee kommen, so selbstlos zu sein. Sie fordern Treffen regelrecht ein und gehören eher zur Kategorie Energieräuber. Eine Terminabsage, ganz gleich aus welchem Grund, nehmen sie sehr persönlich und lassen es einen noch lange danach spüren. So beißt man bei diesen Personen lieber in den sprichwörtlich sauren Apfel und zieht das Treffen durch: Lieber das, als sich die Absage noch monatelang vorhalten zu lassen. Kennen Sie solche Menschen?

Langer Rede kurzer Sinn: Mit wem verbringen Sie Ihre Zeit? Sind es die Menschen, die Ihnen am Herzen liegen? Wo besteht möglicherweise Handlungsbedarf? Welche Beziehungen sollten zukünftig mehr Aufmerksamkeit erhalten, welche könnten zurückgeschraubt werden? Wohlgemerkt geht es nicht darum, egoistisch alle Beziehungen zu kappen, die Sie mehr kosten, als dass Sie rauskriegen. Es geht lediglich darum, sich eventuell vorhandener Dysbalancen bewusst zu werden und auf dieser Grundlage zu entscheiden, in welcher Form Beziehungen in Zukunft gelebt werden sollen.
Platz für eigene Gedanken:

____

____

FREUNDSCHAFT DURCHBUCHSTABIEREN

Freundschaft bedeutet für jeden Menschen etwas anderes. Aus diesem Grund lade ich Sie ein, den Begriff »Freundschaft« einmal für sich durchzubuchstabieren. Im Folgenden finden Sie die zwölf Buchstaben, aus denen sich das Wort Freundschaft zusammensetzt. Schreiben Sie hinter jeden Buchstaben ein Wort, das Sie mit Freundschaft in Verbindung bringen, beispielsweise F = Feiern, R = Rumalbern etc.

F = ______________________________

R = ______________________________

E = ______________________________

U = ______________________________

N = ______________________________

D = ______________________________

S = ______________________________

C = ______________________________

H = ______________________________

A = ______________________________

F = ______________________________

T = ______________________________

Seien Sie gerne kreativ, denken Sie quer und lassen Sie sich überraschen, welches Bild von Freundschaft dabei entsteht!

Denken Sie an die freundschaftlichen Beziehungen, die Sie unterhalten. Welche »Rollen« gibt es da? Ich denke an so etwas wie »die Angepasste«, »den Rebellen«, »die Ehrliche«, »den Exoten«, »die Abenteurerin«, »die Perfekte« etc. Wenn Sie mögen, dann geben Sie jeder Person doch einmal einen solchen »Rollennamen«: Wofür steht die Person, was macht sie aus und unterscheidet sie womöglich von den anderen?

In einem zweiten Schritt lade ich Sie ein, darüber nachzudenken, welche dieser Menschen Sie durch ihre Art, ihr Leben zu leben, inspiriert haben, es ihnen gleichzutun – beispielsweise Ihr Ding zu machen, selbst wenn andere es nicht nachvollziehen können, Ihre Stimme zu erheben gegen Unrecht, die Hausarbeit liegen zu lassen, weil andere Dinge gerade wichtiger sind?
Wer hat Sie inspiriert und warum?

____

____

____

____

Durch wen haben Sie etwas gelernt und was war das?

Es wäre fatal, Menschen auf eine bestimmte Rolle festzulegen. Es ist jedoch bereichernd, die Eigenarten des anderen wahrzunehmen und das Gute darin wahrzunehmen.
Welche Rolle(n) haben Sie inne?

Welche Rolle(n) hätten Sie gerne inne?

IHR FREUNDSCHAFTS-ZIEL

Zum Abschluss dieses Kapitels lade ich Sie ein, sich noch einmal eingehender mit Ihren Zielen auseinanderzusetzen: Was ist Ihr ganz persönliches Freundschafts-Ziel? Was sind mögliche Zwischenziele? Was können Sie konkret tun, um diese zu erreichen? Hierzu habe ich einige Fragen zusammengestellt. Nehmen Sie sich Zeit, darüber nachzudenken. Bedenken Sie: Es geht um Sie, um Ihr Leben und um Ihre Ziele – nicht die Ihrer Freunde, Familie, Kollegen etc. In diesem Sinne: Los geht's!

Auf einer Skala von 1 (sehr unzufrieden) bis 10 (optimal): Wie zufrieden sind Sie aktuell mit den von Ihnen gelebten Freundschaften? Hat sich eventuell durch die vorangegangenen Impulse etwas in Ihrer Wahrnehmung verändert? Kreuzen Sie die entsprechende Zahl an.

1 – 2 – 3 – 4 – 5 – 6 – 7 – 8 – 9 – 10

Wie sähe es in diesem Lebensbereich aus, wenn er eine 10 wäre?
Wenn er eine 10 wäre, dann ______________________________

Wo auf der Skala möchten Sie …

- in vier Wochen stehen? ______________________________
- in drei Monaten stehen? ______________________________
- in einem Jahr stehen? ______________________________

Woran werden Sie festmachen können, dass Sie Ihr Ziel erreicht haben? Was hat sich bis dahin konkret verändert?

- In vier Wochen ______________________________
- In drei Monaten ______________________________

- In einem Jahr ______________________________

Hand aufs Herz: Wie wichtig ist es Ihnen, dass sich in diesem Lebensbereich etwas verändert?

- Sehr wichtig! Daher bin ich bereit, Zeit und Energie in diesen Prozess zu investieren.
- Veränderung wäre schön, aber andere Dinge haben gerade Vorrang.
- Es ist mir nicht wichtig genug, etwas zu verändern.

Welche drei Dinge können Sie ab sofort tun/verändern, um Ihrem Ziel näher zu kommen?

1. ______________________________

2. ______________________________

3. ______________________________

Wie werden Sie diese Dinge konkret umsetzen – und wann?

Veränderung 1

- Das werde ich tun: ______________________________
- Damit werde ich starten: ______________________________

Veränderung 2

- Das werde ich tun: ______________________________
- Damit werde ich starten: ______________________________

Veränderung 3

- Das werde ich tun: ______________________________
- Damit werde ich starten: ______________________________

Diese Person werde ich bitten, mich zu unterstützen:

____

SPEICHE 4: GESUNDHEIT

Gesundheit steht sicher auch bei Ihnen auf der Liste der Dinge, die Sie sich und Ihren Liebsten wünschen, ganz weit oben. Verständlich, denn Gesundheit ist ein Türöffner, um das Leben in vollen Zügen auskosten zu können. Das wird spätestens dann klar, wenn sie plötzlich nicht mehr da ist. Das kann beispielsweise der Fall sein, wenn Sie beim Joggen stürzen und sich den Fuß brechen. Mit einem Mal wird Ihnen bewusst, welche Einschränkungen solch ein eingegipster Fuß mit sich bringt – und vor allem, wie viele Dinge Sie vorher als selbstverständlich empfunden haben. Zum Glück verheilen die meisten Brüche vergleichsweise schnell, komplikations- und folgenlos. Ganz anders sieht es aus, wenn chronische Erkrankungen ins Leben eines Menschen treten.

Gesundheit gehört zu den wenigen Dingen, die Sie nicht kaufen und auch nicht umfassend versichern können. Manche Menschen sind von Natur aus mit einer sehr robusten Gesundheit ausgestattet: Sie werden fast nie krank und wenn, dann erholen sie sich schnell wieder. Andere Menschen hingegen nehmen gefühlt jede Erkältungswelle und jeden Magen-Darm-Infekt mit und haben auch so mit diversen chronischen Herausforderungen zu kämpfen.

In puncto Gesundheit gilt: Sie können sie nicht »machen«. Es gibt nicht die eine Formel, die eine Regel, die Sie nur befolgen müssen, um das Thema Krankheit abzuhaken. Dennoch ist es möglich, durch die Entscheidungen, die Sie tagtäglich treffen, einen aktiven und entscheidenden Beitrag in eine der beiden möglichen Richtungen zu leisten: Gesundheit oder Krankheit.

In diesem Kapitel wird es genau darum gehen: ein Bewusstsein dafür zu schaffen, was trotz allem, was Sie nicht beeinflussen können, doch beeinflussbar ist – und darum, wie Ihr positiver Beitrag dazu aussehen könnte. In diesem Zusammenhang werden Sie entdecken, welch unterschiedliche Faktoren Einfluss auf Ihr Wohlergehen haben. Ihre Gesundheit ist ein kostbares Gut, das es wert ist, bestmöglich gehegt und gepflegt zu werden. Gleichzeitig werden wir aber auch einen Blick darauf werfen, wie ein guter Umgang mit chronischen Erkrankungen gleich welcher Art aussehen kann.

IHRE AKTUELLE SPEICHENLÄNGE

Nun sind Sie gefragt! Bevor wir tiefer ins Thema einsteigen, lade ich Sie ein, sich über Ihre Zufriedenheit mit diesem Lebensbereich Gedanken zu machen: Sind Sie glücklich mit dem, wie es gerade läuft, gibt es massiven Handlungsbedarf oder liegt die Wahrheit irgendwo dazwischen? Auf einer Skala von 1 (sehr unzufrieden) bis 10 (optimal): Wie würden Sie Ihre Zufriedenheit mit dem Thema Gesundheit einstufen?

1 – 2 – 3 – 4 – 5 – 6 – 7 – 8 – 9 – 10

An diesem Punkt kann es hilfreich sein, sich folgende Fragen zu stellen:

- Kümmern Sie sich bewusst um Ihre Gesundheit? Wie sieht das konkret im Alltag aus?

- Fühlen Sie sich imstande, gute Gesundheits-Entscheidungen zu treffen, oder bräuchten Sie Unterstützung?
- Ist Ihre Gesundheit etwas, das Sie auch in guten Zeiten im Blick haben, oder etwas, das erst wichtig wird, wenn sie angeschlagen ist?
- Welche Rolle spielen regelmäßige Vorsorge-Untersuchungen, gesunde Ernährung, Bewegung und Entspannung in Ihrem Leben?
- Ist es für Sie ein attraktiver Gedanke, sich um Ihre Gesundheit zu kümmern, oder nur ein stressiges zusätzliches To-do?

Wichtig ist, dass es einzig und allein um Sie und Ihre Zufriedenheit mit dem Thema geht. Es geht nicht darum, ob Nachbarn, Freunde, Familie oder Kollegen meinen, Sie müssten mehr oder weniger tun. Es geht um Sie: Wie zufrieden sind Sie mit diesem Lebensbereich? Dies ist eine Momentaufnahme.
Wo liegt Ihr aktueller Zufriedenheitswert beim Thema Gesundheit?

Woran machen Sie diesen fest?

GESUNDHEIT IN DER BIBEL

Gott hat die Menschen erschaffen – gesund. Jedoch berichtet die Bibel bereits auf den ersten Seiten, dass diese im wahrsten Sinne des Wortes paradiesischen Umstände nicht lange anhielten: Die ersten Menschen vertrauten Gott nicht, machten ihr eigenes Ding. Die Sünde trat in ihr Leben und damit auch all die Dinge, die Gott gar nicht für sie und uns im Sinn hatte: Angst, Misstrauen, Krankheit, Leid, Tod und vieles andere mehr. Dinge, mit denen wir noch heute tagtäglich zu tun haben – leider.

Zu Zeiten des Alten Testaments glaubten die meisten Menschen, dass Krankheit oder auch Kinderlosigkeit ein Zeichen der Strafe Gottes sei. Sie mutmaßten, dass entweder die betroffene Person oder aber deren Vorfahren eine schlimme Sünde begangen haben mussten, deren Folge die nun sichtbare Krankheit war. Die Bibel macht deutlich, dass Gott zwar sehr wohl in der Lage ist, auf diese Art Menschen zu strafen, man aber keine vorschnellen Rückschlüsse ziehen sollte. So konnte beispielsweise Sara, die Frau des Erzvaters Abraham, keine Kinder bekommen. Erst im Alter von 90 Jahren, als es menschlich gesehen vollkommen unmöglich war, noch schwanger zu werden, passierte es: Sie wurde Mutter. Nicht Sünde war der Grund, vielmehr wollte Gott aller Welt seine Macht demonstrieren.

Die Bibel beschreibt den menschlichen Körper als einen Tempel Gottes. Wir stehen in der Verantwortung, gut für ihn zu sorgen. Gott selbst stellt sich immer wieder als Arzt vor, der Wunder tun kann. Nichtsdestotrotz dürfen wir dankbar sein für viele fähige Ärzte und eine gute, flächendeckende medizinische Versorgung hierzulande, die wir nutzen können, um im Krankheitsfall schnell wieder auf die Beine zu kommen. Ärzte sind keine Götter in Weiß; sie sind nicht allwissend und dennoch ein Segen, denn durch den Sündenfall ist Krankheit ein Teil unserer Lebensrealität.

Welche Rolle spielt Gesundheit bzw. Krankheit(en) in Ihrem Leben? Was ermöglicht bzw. verhindert sie?

IHR AKTIVER BEITRAG

Lassen Sie uns ganz von vorne beginnen und uns die Frage stellen: Was ist eigentlich Gesundheit? Sicher gibt es schön formulierte Definitionen, aber was viel spannender ist: Was ist Gesundheit für Sie? Bezieht sie sich einzig und allein auf die körperliche Ebene oder gehört auch die Psyche, die Seele dazu? Machen Sie Gesundheit an einem Lebensgefühl fest oder an den Werten vom letzten Check-up beim Arzt? Bedeutet gesund zu sein, keine Medikamente zu nehmen, keine Beschwerden zu haben und keine Werte außerhalb der Norm? Diese Fragen sollen Sie zum Nachdenken anregen, was Gesundheit für Sie bedeutet. Nehmen Sie sich ein paar Minuten, um ihnen nachzugehen. Es geht nicht um eine druckreife Definition, sondern um ein erstes Annähern.
Was bedeutet Gesundheit für Sie?

Sie können nicht alles beeinflussen, was Ihre Gesundheit betrifft. Gene, äußere Umstände etc. können eine Rolle spielen. Jedoch bedeutet das nicht, dass Sie keinen Einfluss auf Ihre Gesundheit haben. Im Gegenteil: Durch Ihr Handeln können Sie aktiv dazu beitragen! Lassen Sie uns auf eine kleine Entdeckungsreise gehen, wie solch ein gesundheitsförderliches Handeln konkret aussehen könnte.

Was Sie jetzt benötigen, sind Papier, Stifte und ein paar Minuten Zeit. In einem ersten Schritt lade ich Sie ein, sich all die Dinge zu notieren, die Einfluss auf Ihre Gesundheit haben. Hierbei geht es darum, Oberthemen zu benennen. Dazu könnten Dinge wie Schlaf, Gesundheitsvorsorge, Ernährung, Lebensstil, Stressmanagement, Beziehungen etc. gehören. Welche Themenbereiche fallen Ihnen noch ein? Notieren Sie alles, was Ihnen in den Sinn kommt und relevant erscheint. Gerne dürfen es auch Dinge sein, die sich eher indirekt auf Ihre Gesundheit auswirken.

In einem zweiten Schritt überlegen Sie sich zu jedem der in Schritt 1 notierten Bereiche Ideen, wie Sie diesen auf positive Weise fördern und so Ihrer Gesundheit etwas Gutes tun können. Probieren Sie, dabei auf mindestens 2-3 Ideen pro Oberthema zu kommen, gerne auch mehr.

Im dritten und letzten Schritt ergänzen Sie jeden Themenbereich um mindestens 2-3 negative Handlungsweisen. Hierbei geht es um die Frage: Was müsste ich aktiv tun, um meiner Gesundheit zu schaden bzw. sie zu verschlechtern?

Sie haben nun eine recht umfangreiche Ideensammlung zusammengetragen, was Sie tun bzw. lassen könnten, um Ihrer Gesundheit Gutes zu tun. Wählen Sie aus dieser Liste ein paar Ideen aus – Ideen, die Sie anlachen und bei denen Sie merken, dass Sie Lust darauf haben, sie umzusetzen. Das können sowohl positive Aktionen sein, die Sie (neu) in Ihr Leben integrieren, als auch negative, die Sie versuchen, in Zukunft zu eliminieren. Ganz wichtig dabei: Wählen

Sie lieber nur 1-3 Ideen aus, die Sie dann auch wirklich umsetzen, als sich zu viel vorzunehmen und sich damit zu überfordern. Babyschritte lautet das Zauberwort!
Welche Dinge möchten Sie in Zukunft Ihrer Gesundheit zuliebe anders machen?

1. ______________________________

2. ______________________________

3. ______________________________

KLUGE ZIELE SETZEN

Träumen auch Sie davon, wie Ihr Leben sein sollte, und verharren dabei oftmals in Ihren Träumereien, statt sich Gedanken darüber zu machen, wie Sie Ihre Träume erreichen können? Auf das Thema Gesundheit heruntergebrochen: Was ist Ihr Gesundheits-Ziel und wie können Sie es erreichen? Im Folgenden einige Impulse, was generell ein gutes Ziel ausmacht:

1. Positiv formulieren

Verwenden Sie positive Worte und Aussagen. Das Gehirn versteht keine Verneinungen, daher sollten Sie Worte wie »nicht«, »keine« oder »ohne« vermeiden. Ihr Ziel sollte nicht an Flucht erinnern (»Das nicht mehr!«), sondern ausdrücken, wo es hingehen soll (»Das will ich!«).

2. Konkret und im Präsens sprechen

Formulierungen wie »ich könnte/sollte«, »ich werde« oder »ich versuche« sind zu schwammig. Ihr Ziel sollte als Fakt und möglichst konkret formuliert sein. Statt »In Zukunft werde ich mehr auf gesunde Ernährung achten«, also lieber sagen: »Ich lege jede Woche einen Salat-Tag ein.«

3. Vergleiche vermeiden

»Ich will besser werden« – was bedeutet das genau? Woran können Sie festmachen, dass Sie Ihr Ziel erreicht haben? Reicht ein bisschen besser oder muss es viel besser sein – und ab wann ist Ihre Leistung viel besser? Formulieren Sie Ihr Ziel so, dass Sie am Ende ohne Zweifel sagen können, ob Sie es erreicht haben.

4. Alle Sinne gebrauchen

Wie fühlt es sich an, was hat sich verändert, wenn Sie Ihr Ziel erreicht haben? Malen Sie sich Ihr Ziel mit allen Sinnen aus und lassen Sie das, was Sie wahrnehmen, in Ihre Zielformulierung mit einfließen.

5. Fakten überprüfen

Seien Sie konkret: Wann soll das Ziel erreicht sein? Was gehört alles zur Zielerreichung dazu? Hier sind Zahlen, Daten, Fakten gefragt.

6. Auswirkungen abwägen

Sie sind Teil von etwas Größerem: einer Familie, Firma etc. Alle Entscheidungen, die Sie treffen, haben Auswirkungen auf die Menschen um Sie herum. Daher ist es sinnvoll, sich bewusst zu machen, welche Auswirkungen Ihre Ziele auf Ihr Umfeld haben. Und ob Sie bereit sind, die dafür nötigen Schritte zu gehen. Stehen Kosten und Nutzen in Relation?

7. Teilziele setzen

Brechen Sie Ihr Ziel in mehrere Teilziele herunter. Das motiviert, macht Fortschritte sichtbar und erlaubt es Ihnen, Ihr Ziel auf seine realistische Umsetzbarkeit hin zu überprüfen. So sind Sie in der Lage, ggf. Anpassungen bei der Zielformulierung, dem zeitlichen Rahmen sowie den benötigten Zwischenschritten vorzunehmen.

8. Einflussbereich abschätzen

Vieles können Sie beeinflussen, manches liegt jedoch nicht in Ihrer Hand. So können Sie beispielsweise andere nicht dazu zwingen, so zu handeln, wie Sie es sich wünschen. Auch auf Dinge wie Ihre Gene haben Sie wenig Einfluss. Das sollten Sie berücksichtigen, wenn Sie Ihr Ziel formulieren: Setzen Sie auf Dinge, die Sie beeinflussen können.

9. Passenden Wahlspruch finden

Worte haben Wirkung. Aus diesem Grund sollte auch ein Ziel nicht bloß sachlich-korrekt, sondern ansprechend und motivierend formuliert sein. Was das für Sie bedeutet, wissen Sie allein. Beispielsweise könnte für jemanden, dessen Ziel eine gesunde Ernährung, Bewegung und Lebensfreude ist, »mit Leichtigkeit genießen« ein passender Wahlspruch sein.
Was ist Ihr Gesundheits-Ziel?

Durch das Setzen eines Zieles und das Erstellen eines Aktionsplans übernehmen Sie Verantwortung für Ihre Gesundheit. Auch hier lautet das Zauberwort wieder einmal »Babyschritte«: Nehmen Sie sich nicht zu viel auf einmal vor, sondern fangen Sie lieber mit ein oder zwei kleinen positiven Veränderungen an. Am besten gelingt dies, wenn Sie sich direkt überlegen, wo diese Veränderungen ihren Platz im Alltag finden, z. B. direkt nach dem Abendessen eine Runde um den Block gehen; den abendlichen Espresso weglassen, um besser schlafen zu können; in der Mittagspause ein Stück Obst essen. Verbinden Sie am besten eine alte Gewohnheit (Mittagspause) mit einer neuen (Obst).

HERAUSFORDERUNG CHRONISCHE ERKRANKUNG

Wenn Sie sich mit dem Thema Gesundheit auseinandersetzen, sollten Sie auch ihre Kehrseite im Blick haben: Krankheit. Gemeint sind in diesem Fall nicht die vergleichsweisen kleinen Wehwehchen wie ein gebrochener Fuß, eine Erkältung oder Magen-Darm-Infekt. Diese können zwar schmerzhaft sein, kräftezehrend und einschränkend, Sie sind sie aber nach einer Weile mit guter Pflege auch wieder los. Hier geht es um Krankheiten, die Sie über einen langen Zeitraum hinweg begleiten: chronische Schmerzen und Erkrankungen, Behinderungen, psychische Leiden etc.

Das Problem bei dauerhafter Krankheit ist, dass sich das Körperliche oft auf die Psyche auswirkt. So kann Stress nicht nur auf den Magen schlagen, sondern eine körperliche Erkrankung auch auf die Stimmung. Dauerschmerzen sind zermürbend, ständige Arztbesuche rauben nicht nur Zeit, sondern auch emotionale Kraft. Tritt keine signifikante Besserung ein, oder besteht zumindest die Aussicht darauf, schwindet die Hoffnung und damit die Lebensenergie. Chronische Erkrankungen verringern den Aktionsradius. Zukunftsfragen hängen unbeantwortet oder negativ geprägt in der Luft. Dies belastet nicht nur die Betroffenen selbst, sondern oftmals auch ihr Umfeld.

Akzeptanz ist hier ein wichtiges Thema. Was bedeutet dieses Wort für Sie? Ist es positiv oder negativ geprägt oder ganz neutral? Für mich war Akzeptanz lange Zeit ein Synonym für aufgeben. Ich dachte: »Wenn ich meine Situation akzeptiere, höre ich auf, nach Lösungen zu suchen. Ich richte mich stattdessen in der Situation ein.« Eine gesundheitlich herausfordernde Situation brachte mich dazu, meine bisherige Definition zu überdenken. Heute sehe ich Akzeptanz positiv. Es bedeutet, sich einzugestehen, dass eine Situation im Moment (!) so ist, wie sie ist. Die Situation wird weder kleingeredet noch geleugnet. Ich stehe dazu und sage: »Ja, so ist es!« Dieses Bejahen ist wichtig, um auf dieser Basis gute Entscheidungen treffen zu können – Entscheidungen, die förderlich sind, hilfreich und situationsangemessen.

Wie stehen Sie zum Thema Akzeptanz? Und warum?

Hier noch ein paar Gedanken dazu, was Sie als Betroffener sonst noch tun können:

1. Sich informieren:

Welche Möglichkeiten gibt es, um die Situation zu verbessern bzw. erträglicher zu machen? An wen können Sie sich wenden, wen um Hilfe bitten?

2. Für hilfreichen Austausch sorgen:

Mit welchen Personen können Sie reden, wem gegenüber sich öffnen? Wer hilft, aus negativen Gedanken-Karussellen auszusteigen?

3. Dankbarkeitsbrille tragen:

Gar nicht so leicht, aber enorm wichtig! Üben Sie sich darin, den Blick auf das Gute inmitten der Herausforderungen zu richten. Nutzen Sie dafür ein Dankbarkeitstagebuch, in das Sie jeden Tag 1-3 Dinge notieren, für die Sie dankbar sind. Danken Sie Gott für das Gute und für seine Nähe. Führen Sie bewusst dankbarkeitsorientierte Gespräche. Und sollte die Dankbarkeitsbrille einmal abhandengekommen sein, dann bitten Sie jemanden, Ihnen zu helfen, sie wiederzufinden.

4. Wahrheit denken:

Erinnern Sie sich daran, dass Sie wertvoll sind – ohne Wenn und Aber! Ihre Gedanken über sich selbst können Ihnen Kraft geben oder nehmen. Achten Sie daher auf Ihre Gedanken. Schreiben Sie es sich auf kleine Erinnerungskarten oder lassen Sie es sich zusprechen: Sie sind wunderbar, wertvoll, einmalig, kostbar, geliebt – genau so, wie Sie sind!

5. Rahmen abstecken:

Eine nicht gerade kleine Herausforderung, aber enorm wichtig: Fragen Sie sich, was Ihr »Aktionsradius« ist. Was können Sie tun bzw. leisten und was nicht? Stecken Sie ihn weder zu groß (so, wie er vielleicht vor der Erkrankung war, was aber jetzt zu viel wäre und überfordert) noch zu klein (es ist oft mehr möglich, als Sie denken – vorausgesetzt, Sie ändern Dinge leicht ab, erlauben sich, Hilfe anzunehmen etc.).

Sollten Sie selbst betroffen sein: Welche der Ideen würde Ihnen helfen, was möchten Sie ausprobieren? Falls Sie nicht selbst betrof-

fen sind: Wen in Ihrem Umfeld, der betroffen ist, können Sie durch eine dieser Ideen unterstützen – und wie?
Ihre Ideen:

____

____

____

IHR GESUNDHEITS-ZIEL

Zum Abschluss dieses Kapitels lade ich Sie ein, sich noch einmal eingehender mit Ihren Zielen auseinanderzusetzen: Was ist Ihr ganz persönliches Gesundheits-Ziel? Was sind mögliche Zwischenziele? Was können Sie konkret tun, um diese zu erreichen? Hierzu habe ich einige Fragen zusammengestellt. Nehmen Sie sich Zeit, darüber nachzudenken. Bedenken Sie: Es geht um Sie, um Ihr Leben und um Ihre Ziele – nicht die Ihrer Freunde, Familie, Kollegen etc. In diesem Sinne: Los geht's!

Auf einer Skala von 1 (sehr unzufrieden) bis 10 (optimal): Wie zufrieden sind Sie aktuell mit Ihrer gesundheitlichen Situation? Hat sich eventuell durch die vorangegangenen Impulse etwas in Ihrer Wahrnehmung verändert? Kreuzen Sie die entsprechende Zahl an.

1 – 2 – 3 – 4 – 5 – 6 – 7 – 8 – 9 – 10

Wie sähe es in diesem Lebensbereich aus, wenn er eine 10 wäre?
Wenn er eine 10 wäre, dann ______________________________

Wo auf der Skala möchten Sie …

- in vier Wochen stehen? ______________________________
- in drei Monaten stehen? ______________________________
- in einem Jahr stehen? ______________________________

Woran werden Sie festmachen können, dass Sie Ihr Ziel erreicht haben? Was hat sich bis dahin konkret verändert?

- In vier Wochen ______________________________
- In drei Monaten ______________________________
- In einem Jahr ______________________________

Hand aufs Herz: Wie wichtig ist es Ihnen, dass sich in diesem Lebensbereich etwas verändert?

- Sehr wichtig! Daher bin ich bereit, Zeit und Energie in diesen Prozess zu investieren.
- Veränderung wäre schön, aber andere Dinge haben gerade Vorrang.
- Es ist mir nicht wichtig genug, etwas zu verändern.

Welche drei Dinge können Sie ab sofort tun/verändern, um Ihrem Ziel näher zu kommen?

1. ______________________________

2. ______________________________

3. ______________________________

Wie werden Sie diese Dinge konkret umsetzen – und wann?

Veränderung 1

- Das werde ich tun: ______
- Damit werde ich starten: ______

Veränderung 2

- Das werde ich tun: ______
- Damit werde ich starten: ______

Veränderung 3

- Das werde ich tun: ______
- Damit werde ich starten: ______

Diese Person werde ich bitten, mich zu unterstützen:

______

SPEICHE 5: FITNESS

Was für Dinge kommen Ihnen in den Sinn, wenn Sie an Fitness denken? Womit verbinden Sie dieses Wort? Sind es eher Dinge wie der Schweißgeruch in der Umkleidekabine der Schulsporthalle oder die Muskelprotze und gertenschlanken Frauen im Fitnessstudio, in deren Gegenwart Sie das Gefühl haben, nicht mithalten zu können? Oder ist es der Gedanke an das belebende Gefühl bei einem ausgiebigen Wochenendspaziergang; der Spaß, den Sie mit Ihren Freunden im Sportverein haben, und das gute Gefühl, den eigenen Körper nach einem langen Tag am Schreibtisch mal wieder richtig gedehnt zu haben bei einer Runde Pilates?

Die Dinge, die Sie mit dem Wort Fitness assoziieren, können sehr unterschiedlich sein. Auch die Gefühle, die dieses Wort heraufbeschwört. Erinnerungen werden wach an Erfahrungen der Vergangenheit: Vielleicht konnten Sie beispielsweise im Schulsport glänzen oder wurden im Gegenteil immer als Letzter ins Team gewählt. Ihre Erfahrungen prägen Ihre heutige Sicht auf Dinge – der Bereich Fitness bildet hier keine Ausnahme.

Ganz gleich, wie Sie gerade über dieses Thema denken: Ich lade Sie ein, es sich in den folgenden Einheiten noch einmal bewusst anzuschauen. Klären Sie für sich, was Fitness für Sie überhaupt bedeutet. Wie fit möchten Sie sein, was soll Ihr Körper leisten können? Möchten Sie beispielsweise schmerzfrei mit den Enkelkindern auf dem Fußboden sitzen und spielen oder einen 42-km-Marathon in unter drei Stunden laufen? Fitnessziele sind so individuell wie wir Menschen es sind. Es gilt herauszufinden, was Ihr ganz persönliches Ziel ist, und auch, auf welchem Weg Sie es erreichen können. Nicht für jeden ist Laufen der optimale Sport, nicht jeder geht gerne ins

Fitnessstudio. Herauszufinden, welche Form der Bewegung zu Ihnen passt, welche Intensität und Häufigkeit die richtige für Sie ist und wie alles gut in Ihren Alltag integriert werden kann, ist ein Prozess. Ein wichtiger, denn nur, wenn Sie in Ihren Körper investieren, kann er Ihnen die Dienste leisten, die Sie von ihm erwarten.

Teresa von Avila hat einmal gesagt: »Tu deinem Leib etwas Gutes, damit deine Seele Lust hat, darin zu wohnen.« Pflegen Sie Ihren Körper, indem Sie ihn in dem für Sie passenden Maß bewegen, auf eine Art, die Ihnen Freude macht, tut das nicht nur Ihrem Körper, sondern Ihnen als ganzer Person gut. Es ist eine Investition, die sich bezahlt macht.

MEINE AKTUELLE SPEICHENLÄNGE

Nun sind Sie gefragt! Ich lade Sie ein, sich über Ihre Zufriedenheit mit diesem Lebensbereich Gedanken zu machen: Sind Sie glücklich mit dem, wie es gerade läuft, gibt es massiven Handlungsbedarf oder liegt die Wahrheit irgendwo dazwischen? Auf einer Skala von 1 (sehr unzufrieden) bis 10 (optimal): Wie würden Sie Ihre Zufriedenheit mit dem Thema Fitness einstufen?

1 – 2 – 3 – 4 – 5 – 6 – 7 – 8 – 9 – 10

An diesem Punkt kann es hilfreich sein, sich folgende Fragen zu stellen:

- Treiben Sie regelmäßig Sport bzw. bewegen Sie sich ausreichend?
- Haben Sie Formen der Bewegung gefunden, die zu Ihnen und Ihrem Leben passen? Und die Ihnen Spaß machen, sodass Sie sie auch auf lange Sicht ausüben können und wollen?
- Sind Sie mit Ihrer Beweglichkeit, Kraft und Ausdauer zufrieden?
- Planen Sie Zeit für Fitness bewusst ein und setzen Sie diese Pläne auch wirklich um? Oder überlassen Sie Bewegung eher dem Zufall? Hat sie Priorität?
- Haben Sie ein Bild davon, wie Sie Fitness gerne leben würden, was Ihr Ziel ist?

Wichtig ist, dass es einzig und allein um Sie und Ihre Zufriedenheit mit dem Thema geht. Es geht nicht darum, ob Nachbarn, Freunde, Familie oder Kollegen meinen, Sie müssten mehr oder weniger tun. Es geht um Sie: Wie zufrieden sind Sie mit diesem Lebensbereich? Dies ist eine Momentaufnahme.
Wo liegt Ihr aktueller Zufriedenheitswert beim Thema Fitness?

Woran machen Sie diesen fest?

FITNESSTRAINING IN DER BIBEL?

Nein, die Menschen zu Zeiten der Bibel gingen weder ins Fitnessstudio noch nahmen sie Pilates-Stunden oder trafen sich zum regelmäßigen Power-Walking mit den Freunden vom Sportverein. Der Grund dafür ist ein ganz simpler: Sie bewegten sich auch ohne gezielt eingeplante Fitness-Einheiten genug! Es gab keine Autos, die sie von A nach B brachten; sie saßen nicht nach Feierabend wahlweise vor dem Computer oder dem Fernseher. Stattdessen arbeiteten die meisten Menschen körperlich: Sie bewirtschafteten Felder, hielten Tiere, die versorgt werden mussten, gingen handwerklichen Berufen nach, schmissen den Haushalt ohne Waschmaschine & Co. Da sie ihre Wege zum Großteil zu Fuß zurücklegten, brauchte es keinen Schrittzähler als Anreiz, das Sofa zu verlassen.

Viele Dinge, die wir heutzutage für unsere Gesundheit und für unsere Fitness tun, sind entstanden, weil man festgestellt hat, dass die natürliche Bewegung im Alltag zu kurz kommt bzw. zu einseitig ist. Wir können dankbar sein für die technischen Fortschritte, die heute unser Leben vereinfachen: Heizung und Herd statt Feuerstelle; Bus, Bahn und Auto für lange Strecken, die zu Fuß nur schwer machbar wären; die bereits erwähnte Waschmaschine statt der mühsamen Wäsche von Hand. Gleichzeitig ist es wichtig zu sehen, dass dadurch viel natürliche körperliche Betätigung wegfällt. Betätigung, die unser Körper braucht, um beweglich und gesund zu bleiben.

Die Bibel spricht von unserem Körper als dem Tempel Gottes. Für ihn tragen wir Verantwortung. Es geht nicht darum, zur Sportskanone zu mutieren oder Rekorde zu brechen. Vielmehr geht es darum, uns leistungsfähig zu halten und unserem Körper das zu geben, was er braucht, um das zu erreichen. Dazu gehört u. a. Bewegung. Es gibt heutzutage viele Möglichkeiten zur Trägheit. Gerade deshalb braucht es die bewusste Entscheidung für Bewegung. Indem wir

unserem Körper das geben, was er braucht, ehren wir Gott, der uns diesen Körper anvertraut hat.
Wie gehen Sie aktuell mit Ihrem Körper um?

____

____

____

PRIORITÄTEN

Wie oft passiert es, dass wir unglücklich sind mit einer Situation. Es wäre zu schön, wenn alles ganz anders wäre. »Ich würde so gerne, aber es geht einfach nicht!« Kennen Sie solche Gedanken? Der Psychologe Jens Corssen würde darauf mit dem hart klingenden Satz »Wo Sie sind, wollen Sie sein« kontern.[5] Als ich diese Aussage von ihm zum ersten Mal hörte, war ich geschockt. Wie kann man so etwas nur behaupten? Eine bodenlose Frechheit, oder etwa nicht?

Stellen Sie sich einen Mann vor, der immer wieder davon erzählt, wie gerne er auswandern würde. Das Problem: Das Leben mit all seinen Widrigkeiten steht ihm im Weg! Da sind seine alternden Eltern, die ihn brauchen. Eine neue Sprache zu lernen, gehört nicht zu seinem Gabenprofil. Zudem ist das Gesundheitssystem in seinem Wunschland nicht mit dem in seiner Heimat zu vergleichen. Einen Job hat er ebenfalls nicht in Aussicht. Kurzum: Das Leben macht ihm einen Strich durch die Rechnung. Das ist der Grund, warum er nicht auswandern kann.

Corssen wagt bei Erzählungen wie diesen einen Perspektivwechsel. Er würde sagen, dass die Nähe zu seinen Eltern und die Erreichbarkeit im Notfall dem Mann wichtiger sind als auszuwandern. Dass die Anstrengungen, die das Erlernen einer Fremdsprache mit sich bringen, ihm zu groß sind, als dass er es überhaupt versuchen würde. Und dass Dinge wie die Sicherheit, die ein guter Job und eine verlässliche Gesundheitsversorgung mit sich bringen, höhere Priorität in seinem Leben haben als das unkalkulierbare Abenteuer einer Auswanderung.

Ist es böse, es so zu formulieren? Ich persönlich halte es für einen wichtigen Perspektivwechsel, der der Wahrheit vermutlich näherkommt als die vom Auswanderwilligen präsentierte Version. Nichts ist schlimmer, als das Gefühl zu haben, ein Spielball der Widrigkeiten des Lebens zu sein. Zu erkennen, dass bestimmte Dinge einem wichtiger sind als andere, ist kein Eingeständnis von Schwäche. Vielmehr bedeutet es, Verantwortung für seine Entscheidungen zu übernehmen. Selbstwirksamkeit entsteht: Ich bin der Handelnde.

Finden Sie sich in dieser Geschichte wieder? Gibt es Parallelen zu Ihrem eigenen Leben, sei es im Bereich Fitness oder auch ganz allgemein? Wo würde es sich lohnen, einen Perspektivwechsel zu wagen?

Veränderungen ziehen Konsequenzen nach sich – positive und weniger positive. Veränderung birgt Risiken und Möglichkeiten. Aber auch das Verharren in einer Situation, in der man nicht glücklich ist, hat Auswirkungen.

Im Folgenden möchte ich Ihnen vier Fragen mit auf den Weg geben, um sich der Konsequenzen Ihres (Nicht-)Handelns bewusst zu werden. Sie klingen recht ähnlich, es gibt Überschneidungen, aber lassen Sie sich dadurch bitte nicht dazu verleiten, einen Teil wegzulassen. Am besten nehmen Sie sich für jede Frage ein DIN-A4-Blatt Papier. Schreiben Sie die Frage auf das jeweilige Blatt und notieren Sie sich anschließend alle Gedanken, die Ihnen dazu kommen. Wenn Sie den Eindruck haben, dass alles Wichtige gesagt ist, versuchen Sie, noch mindestens zwei weitere Antworten pro Frage zu finden. Oft sind es gerade diese Antworten, die besonders treffend, überraschend, spannend sind. Hier nun die Fragen:

1. Was GEWINNE ich, wenn alles beim Alten bleibt?
2. Was VERLIERE ich, wenn alles beim Alten bleibt?
3. Was GEWINNE ich, wenn ich Veränderung wage?
4. Was VERLIERE ich, wenn ich Veränderung wage?

DAUERLAUF ODER SPRINT?

Kennen Sie das auch? Ein neues Jahr beginnt, und Sie nehmen sich vor, von jetzt an mehr für Ihre eigene Fitness zu tun. Und wirklich wahr: Gleich an Neujahr holen Sie das Trimm-dich-Rad aus der Versenkung, greifen zu den Hanteln oder schnüren die Laufschuhe. Los geht's – und zwar richtig, schließlich wollen Sie kein Weichei sein! Sie treten in die Pedale, bis Sie kurz davor sind, vor Erschöpfung vom Sattel zu kippen. Bei den Gewichten starten Sie direkt mit dem schwersten Paar. Und laufen tun Sie, auch wenn es draußen spiegelglatt ist, das Profil Ihrer Turnschuhe total abgelaufen ist und Ihre einzige Trainingsbekleidung aus einer kurzen Hose sowie einem ärmellosen Shirt besteht.

Kurzzeitig fühlen Sie sich als sportlicher Superheld, der aller Welt zeigt, was in ihm steckt. Bis am nächsten Tag der fiese Muskelkater einsetzt. Gehören Sie zu den ganz Harten, ziehen Sie das Ganze noch ein paar weitere Male durch, aber spätestens dann ist es meist mit der Motivation vorbei. Das Ergebnis ist nicht nur, dass das Ziel fürs neue Jahr bereits Mitte des Monats begraben wird, sondern – und das ist viel gravierender –, dass Sie sich wahrscheinlich selbst als absoluten Loser sehen, der es »mal wieder« nicht geschafft hat. Haben Sie diese Erfahrung auch schon gemacht? Wie hat sie sich auf Ihre Motivation, das Thema Fitness noch einmal anzugehen, ausgewirkt?

Vor einiger Zeit las ich ein Buch über die Kraft kleiner alltäglicher Handlungen. Es hieß, dass sie oftmals weitaus mehr bewirken als groß angelegte Hauruck-Aktionen. Das wollte ich testen. In meinem Büro stehen viele Fachbücher, die ich mir im Laufe der Jahre gekauft, dann aber habe einstauben lassen. Viele hatte ich voller Begeisterung angefangen zu lesen, sie nach kurzer Zeit aber wieder zur Seite gelegt, weil einfach keine Zeit da war für stundenlange Lektüre – oder weil mich die Masse an Informationen schlichtweg erschlagen hatte. Nun startete ich mein Experiment: Statt möglichst viele Seiten am Stück zu lesen und meine Motivation binnen kürzester Zeit schwinden zu sehen, entschied ich mich, an jedem Arbeitstag zehn Seiten zu lesen. Das ist eine Menge, die zeitlich gut machbar ist und mich auch nicht überfordert. Was ich dabei feststellte: Zehn Seiten zu lesen, fällt mir leicht. Es ist absolut machbar. Und auch wenn es sich nach wenig anhört, so habe ich doch am Ende eines Monats etwa 200 Fachbuchseiten gelesen, die ich ohne diesen Babyschritte-Ansatz nicht gelesen hätte.

Übertragen auf das Thema Fitness: Wie könnte solch ein tägliches bzw. regelmäßiges Pensum für Sie aussehen? Es muss so bemessen sein, dass es genauso einfach ist, es zu tun, wie es sein zu lassen. Es geht um Babyschritte – Babyschritte, die aber mit großer Regelmäßigkeit gegangen werden.

Fitness ist kein Sprint, sondern ein Dauerlauf. Es ist ein Langzeitprojekt. Deshalb ist es sinnvoll, es auch so anzulegen: so, dass Sie es mittel- und langfristig umsetzen können und wollen. Anpassungen sind jederzeit möglich. Eine Form der Bewegung passt nicht mehr oder ist Ihnen einfach über? Dann suchen Sie nach anderen Optionen. Informieren Sie sich, fragen Sie Freunde und Bekannte, probieren Sie Neues aus. Auch Alltagsbewegung wie der Einkauf mit dem Rad statt mit dem Auto, Treppe statt Fahrstuhl etc. können Teil Ihrer Fitness-Routine sein.

Wie würden Sie gerne Bewegung leben?

Kurzfristig:

Mittelfristig:

Langfristig:

GESCHICHTENERZÄHLER

Wie Sie über sich selbst und Ihre Möglichkeiten denken, hat einen enormen Einfluss darauf, was Sie erreichen. Einfluss auf Ihre Gedanken haben Erfahrungen aus der Vergangenheit, aber auch Worte, die über Ihnen ausgesprochen werden bzw. wurden. Gerade im Bereich Fitness wissen viele von abwertenden Kommentaren von Sportlehrern, Mitschülern, Eltern zu berichten. Aber nicht nur ihre Worte haben Kraft, sondern auch Ihre eigenen. Wie reden Sie über sich selbst, Ihre Möglichkeiten etc.?

Lassen Sie mich Ihnen von einem mir bekannten Mädchen erzählen, das mit seinen Eltern im Urlaub war. Sie hatte einige Wochen vor Urlaubsbeginn angefangen, an einem Schwimmkurs teilzunehmen. Das Schwimmabzeichen wollte sie nach dem Urlaub machen. Nun bekam sie mit, dass man auch im Schwimmbad der Ferienanlage das Abzeichen ablegen konnte. Das wollte sie unbedingt versuchen. Alles lief gut, bis sie einen Ring vom Beckenboden hochholen sollte. Es gelang ihr problemlos, nur wollte der Bademeister, dass sie auf eine andere Art zum Boden tauchte. Wochenlang hatte sie es im Kurs geübt, sie konnte es, und nun das! Die Tränen flossen, und ihre Mutter bat um eine kurze Unterbrechung. Als das Mädchen sich einigermaßen beruhigt hatte, zeigte ihre Mutter ihr, was genau der Bademeister anders haben wollte. Erst probierte das Mädchen es im flachen, dann in etwas tieferem Wasser. Der Bademeister sah ihr zu. Nach etwa fünf Minuten bat er das Mädchen, es noch einmal zu versuchen – die Prüfung wurde also fortgesetzt. Und es klappte! Der Bademeister gratulierte dem Mädchen von Herzen zu seinem Schwimmabzeichen.

Alle, Bademeister inklusive, waren glücklich. Alle bis auf das Mädchen. Nach dem Grund gefragt, erklärte sie, sie hätte es gleich im ersten Anlauf schaffen müssen. Ihre Mutter nahm sie zur Seite und stellte ihr eine Frage. Sie wollte wissen, welche der folgenden zwei Geschichten, die gleichermaßen wahr sind, sie bei ihrer Heimkehr den Großeltern erzählen wollte.

Geschichte 1:

»Ich habe das Schwimmabzeichen gemacht, es aber erst im zweiten Anlauf geschafft.«

Geschichte 2:

»Ich habe das Schwimmabzeichen gemacht. Eine Übung wollte der Bademeister ganz anders haben, als wir es wochenlang geübt hatten. Ich habe fünf Minuten rumprobiert, dann hat es geklappt und ich habe das Abzeichen gekriegt.«

Zwei Geschichten, beide sind wahr – und doch lassen sie uns mit ganz unterschiedlichen Gefühlen zurück: die eine als Verlierer, die andere als Sieger.

Meine Frage an Sie: Welche Geschichten erzählen Sie sich über sich selbst, Ihre Möglichkeiten, Ihr Leben, Ihre Fitness? Sind sie wahr? Könnte man sie eventuell auch ganz anders erzählen, ohne dabei die Wahrheit zu verdrehen? Denken Sie doch einmal darüber nach.

Platz für Ihre Geschichte(n):

IHR FITNESS-ZIEL

Zum Abschluss dieses Kapitels lade ich Sie ein, sich noch einmal eingehender mit Ihren Zielen auseinanderzusetzen: Was ist Ihr ganz persönliches Fitness-Ziel? Was sind mögliche Zwischenziele? Was können Sie konkret tun, um diese zu erreichen? Hierzu habe ich einige Fragen zusammengestellt. Nehmen Sie sich Zeit, darüber nachzudenken. Bedenken Sie: Es geht um Sie, um Ihr Leben und um Ihre Ziele – nicht die Ihrer Freunde, Familie, Kollegen etc. In diesem Sinne: Los geht's!

Auf einer Skala von 1 (sehr unzufrieden) bis 10 (optimal): Wie zufrieden sind Sie aktuell mit Ihrer Fitness? Hat sich eventuell durch die vorangegangenen Impulse etwas in Ihrer Wahrnehmung verändert? Kreuzen Sie die entsprechende Zahl an.

1 – 2 – 3 – 4 – 5 – 6 – 7 – 8 – 9 – 10

Wie sähe es in diesem Lebensbereich aus, wenn er eine 10 wäre?
Wenn er eine 10 wäre, dann ______________________________

Wo auf der Skala möchten Sie …

- in vier Wochen stehen? ______________________________
- in drei Monaten stehen? ______________________________
- in einem Jahr stehen? ______________________________

Woran werden Sie festmachen können, dass Sie Ihr Ziel erreicht haben? Was hat sich bis dahin konkret verändert?

- In vier Wochen ______________________________
- In drei Monaten ______________________________
- In einem Jahr ______________________________

Hand aufs Herz: Wie wichtig ist es Ihnen, dass sich in diesem Lebensbereich etwas verändert?

- Sehr wichtig! Daher bin ich bereit, Zeit und Energie in diesen Prozess zu investieren.
- Veränderung wäre schön, aber andere Dinge haben gerade Vorrang.
- Es ist mir nicht wichtig genug, etwas zu verändern.

Welche drei Dinge können Sie ab sofort tun/verändern, um Ihrem Ziel näher zu kommen?

1. ______________________________

2. ______________________________

3. ______________________________

Wie werden Sie diese Dinge konkret umsetzen – und wann?

Veränderung 1

- Das werde ich tun: ______________________
- Damit werde ich starten: ______________________

Veränderung 2

- Das werde ich tun: ______________________
- Damit werde ich starten: ______________________

Veränderung 3

- Das werde ich tun: ______
- Damit werde ich starten: ______

Diese Person werde ich bitten, mich zu unterstützen:

______

SPEICHE 6: BERUF

Je nach Lebenssituation kann das Thema Beruf auf den ersten Blick sehr spannend oder auch sehr irrelevant erscheinen: Spannend, falls Sie beispielsweise über eine berufliche Um- oder Neuorientierung nachdenken, sei es freiwillig oder aufgrund von äußeren Gegebenheiten wie Kündigung oder Umzug. Irrelevant mag es erscheinen, falls Sie entweder aktuell gar nicht berufstätig sind und auch nicht vorhaben, sich in nächster Zeit nach einer Arbeitsstelle umzuschauen, oder aber weil Sie glücklich sind mit der Arbeit, die Sie tun.

Mein Wunsch wäre, dass Sie dieses Kapitel nicht komplett überspringen, selbst wenn es momentan für Sie nicht allzu relevant erscheint. Der Grund: In diesem Kapitel geht es um weitaus mehr als nur um Impulse dazu, die perfekte Stelle zu finden. Es geht um eine Reflexion von Berufstätigkeit als Ganzes. Daher bin ich mir sicher, dass jede und jeder von ihnen weiterbringende Gedanken für sich mitnehmen kann, ganz gleich ob berufstätig oder nicht, zufrieden oder auf der Suche nach Veränderung.

Der Beruf ist ein wichtiger Teil des Lebens, nimmt er doch einen großen Teil der Woche in Anspruch. Arbeiten Sie Teilzeit oder Vollzeit, mit geregelten Arbeitszeiten oder im Schichtdienst? Können Sie im Normalfall pünktlich Feierabend machen oder arbeiten Sie regelmäßig deutlich über die vertraglich vereinbarte Zeit oder sind Sie vielleicht sogar selbstständig? Hier kann es große Unterschiede geben, die sich auf die Zufriedenheit mit dem eigenen Beruf auswirken. Nimmt die Arbeit einen zu großen Teil des Lebens ein, sei es vom zeitlichen Faktor her oder auch emotional, weil Sie ständig jonglieren müssen, um wenigstens einigermaßen Familie, Freunde, Freizeit und Beruf unter einen Hut zu bringen, oder weil Sie es nur schwer schaffen, nach Feierabend von der Arbeit abzuschalten, besteht Handlungsbedarf. Dies ist besonders dann der Fall, wenn es zum Dauerzustand wird.

Auf den folgenden Seiten werden wir uns mit verschiedenen Fragen auseinandersetzen. Wir werden einen Blick zurückwerfen und schauen, wie es dazu kam, dass Sie den Beruf ausüben, in dem Sie gerade tätig sind. Außerdem werden wir ein wenig träumen und dabei das ein oder andere entdecken, was die Zufriedenheit mit dem Lebensbereich Beruf steigern würde.
Kommen Sie mit auf diese Reise durch Ihr Berufsleben.

IHRE AKTUELLE SPEICHENLÄNGE

Nun sind Sie gefragt! Ich lade Sie ein, sich über Ihre Zufriedenheit mit diesem Lebensbereich Gedanken zu machen: Sind Sie glücklich mit dem, wie es gerade läuft, gibt es massiven Handlungsbedarf oder liegt die Wahrheit irgendwo dazwischen? Auf einer Skala von 1 (sehr unzufrieden) bis 10 (optimal): Wie würden Sie Ihre Zufriedenheit mit dem Thema Beruf einstufen?

1 – 2 – 3 – 4 – 5 – 6 – 7 – 8 – 9 – 10

An diesem Punkt kann es hilfreich sein, sich folgende Fragen zu stellen:

- Gehen Sie grundsätzlich gerne zur Arbeit oder haben Sie womöglich innerlich bereits gekündigt?
- Wie sieht es mit Dingen wie Arbeitszeiten, Aufgaben, Gehalt, Kollegen, Firmenwerten etc. aus: Passen diese Aspekte?
- Können Sie nach der Arbeit wirklich auch innerlich Feierabend machen oder nehmen Sie die Arbeit regelmäßig mit nach Hause?
- Fühlen Sie sich durch Ihre Arbeit über- oder unterfordert?
- Haben Sie das Gefühl, mit Ihrer Arbeit etwas Sinnvolles zu tun?

Wichtig ist, dass es einzig und allein um Sie und Ihre Zufriedenheit mit dem Thema geht. Es geht nicht darum, ob Nachbarn, Freunde, Familie oder Kollegen meinen, Sie müssten mehr oder weniger tun. Es geht um Sie: Wie zufrieden sind Sie mit diesem Lebensbereich? Dies ist eine Momentaufnahme.
Wo liegt Ihr aktueller Zufriedenheitswert beim Thema Beruf?

Woran machen Sie diesen fest?

BERUFSLEBEN IN DER BIBEL

»Was willst du werden, wenn du einmal groß bist?« Diese Frage kam in keinem Freundschaftsbuch der Bibel vor – nicht, weil es so etwas vermutlich damals noch gar nicht gab, sondern weil die Frage witzlos gewesen wäre. Die Mädchen wurden von der Mutter für alle Aufgaben rund um Haushalt und Familie fit gemacht, die Jungen erlernten im Normalfall den Beruf des Vaters. Es gab Ausnahmen, aber so lief es normalerweise: vorhersehbare Werdegänge, wenig Freiheit.

Heutzutage liegen die Dinge anders. Sie können sich Ihren Beruf im Normalfall selbst aussuchen, dürfen sich auch noch einmal (oder mehrmals) umorientieren. Die Auswahl ist riesig: Wollen Sie groß Karriere machen oder einfach nur das machen, was Ihnen liegt, selbst wenn es nicht das große Geld bringt? Wollen Sie sich weiterbilden oder gar umsatteln – auch im Alter? Vielleicht sogar noch einen Schulabschluss nachholen und studieren? Wollen Sie vor Ort einer Arbeit nachgehen oder lieber in einem anderen Teil des Landes oder womöglich sogar im Ausland? Viele Freiheiten, die Sie genießen können. Gleichzeitig aber auch Stress, weil Sie immer wieder befürchten müssen, sich falsch entschieden zu haben oder etwas zu verpassen.

Diesen Luxus (oder aber Stress) hatten die Menschen der Bibel nicht. Sie beschritten die ausgetretenen Pfade ihrer Vorfahren, wurden Hirten, Zimmerleute, Bauern etc. Sie wuchsen ganz natürlich in ihren zukünftigen Beruf hinein. Dabei ging es nicht so sehr darum, die große Erfüllung oder das große Glück im Beruf zu finden, sondern ganz praktisch darum, die Familie zu versorgen. Die Bibel spricht davon, welchen Wert es hat, seinen eigenen Lebensunterhalt durch Arbeit zu bestreiten. Sich durchzubeißen und zu tun, was zu tun ist. Die Menschen mussten Geld verdienen, denn es gab keine staatliche Stelle, die bei zu geringen Einnahmen etc. eingesprungen wäre. So hieß es, genug Geld zu verdienen, um die Familie zu versorgen, zu der auch die ältere Generation zählte, die nicht mehr (voll) arbeiten konnte, Geld für schlechte Zeiten und den zehnten Teil ihrer Ernteerträge bzw. ihres Einkommens für den Tempel beiseitezulegen.

Wie empfinden Sie die heutigen beruflichen Möglichkeiten: Bieten sie unsagbare Freiheiten zur Entfaltung oder sind sie eher verwirrend und erzeugen Stress?

BLICK IN DEN RÜCKSPIEGEL

Mit dieser Übung lade ich Sie ein, einen Blick zurückzuwerfen. Einen Blick zurück auf den Weg, der Sie zu Ihrer heutigen Arbeit geführt hat. Wie lang dieser Weg ist, ist individuell ganz unterschiedlich. Das liegt an mehreren Faktoren. Zu diesen gehört beispielsweise die Zeit: Haben Sie gerade die Schule abgeschlossen und sind noch ganz neu in Ihrem Beruf, ist der Weg deutlich kürzer als bei einer Person, die vielleicht schon kurz vor der Pensionierung steht – oder bereits in Rente ist. Aber auch andere Aspekte spielen eine Rolle: War es ein gerader Weg oder einer mit vielen Abbiegungen, Umwegen und womöglich auch Sackgassen? Wie viele Zwischenhalte gab es? Diese und viele andere Fragen gilt es zu erkunden.

Bei der nun folgenden Übung geht es darum, ein besseres Verständnis für den eigenen (beruflichen) Lebensweg zu gewinnen. Es geht darum, die verschiedenen Faktoren in den Blick zu nehmen, die die Wegführung und vielleicht sogar die Zielortbestimmung beeinflusst haben. Hierzu können Personen gehören, aber auch äußere Umstände, Werte, Ideale, Träume, innere Faktoren etc. Werfen Sie einen Blick zurück und entdecken Sie dabei, welche Einflüsse es gab. Würden Sie sie rückblickend als hilfreich oder eher hinderlich betrachten? Überlegen Sie, warum Sie sich für Ihren Beruf entschieden haben. Was war es, das sie daran gereizt hat? War es eine bewusste Entscheidung oder hat es sich eher zufällig ergeben? Welche Erwartungen hatten Sie an die Stelle bzw. das Berufsbild? Wo gab es Enttäuschungen?

Zeichnen Sie den Weg, der Sie dorthin geführt hat, wo Sie heute stehen, gedanklich nach. Oder noch besser: Nehmen Sie einen Stift zur Hand und zeichnen Sie den Weg nach. Ein Strich genügt. Wo gab es Abbiegungen, Umwege, Zwischenhalte, Sackgassen? Welche Personen und andere Dinge hatten einen Einfluss auf die Wegführung? Machen Sie sich gerne Notizen, um die zentralen Gedanken festzuhalten. Notieren Sie auch Ihre wichtigsten Erkenntnisse. Haben Sie beispielsweise bestimmte sich immer wiederholende Muster entdeckt, besonders starke Einflüsse oder Gedanken, die bestimmend waren? Was können Sie aus dem Blick zurück an Erkenntnissen für die Zukunft mitnehmen?

Eine Bitte zum Schluss: Versuchen Sie, nicht zu werten, sondern lediglich den Weg nachzuvollziehen. Sollten Sie rückblickend Dinge gerne anders gemacht haben, denken Sie dran: Die Vergangenheit können Sie nicht ändern, aber Sie können aus ihr für die Zukunft lernen. Damals gab es für die von Ihnen getroffenen Entscheidungen gute Gründe, die dazu geführt haben, dass Sie so entschieden haben, wie Sie es taten. Bedenken Sie, dass Sie mit der Weisheit der Erfahrung zurückschauen: Sie wissen, wie sich Dinge entwickelt haben. Sie können mit Situationen anders umgehen als Ihr jüngeres Ich. Seien Sie also gnädig mit sich und Ihrer Vergangenheit. Und denken Sie dran: Ihre Vergangenheit muss nicht Ihre Zukunft bestimmen!

Ihr beruflicher Weg:

DIE FRAGE NACH DEM SINN

Vielleicht sind auch Sie oft so mit dem Jetzt verbunden, dass Sie sich nur schwer vorstellen können, dass die Zukunft auch ganz anders aussehen könnte. »Das läuft hier immer so – daran wird sich auch in Zukunft nichts ändern!« Wenn Sie so denken, legen Sie sich selbst darauf fest, die Vergangenheit zu wiederholen. Was aber wäre, wenn Veränderung eine Option wäre? Veränderung in Form eines veränderten Blicks auf das, was Sie tun. Veränderung hervorgerufen dadurch, dass Sie anfangen, Dinge anders zu machen als bisher. Oder aber Veränderung durch die Entscheidung zur beruflichen Neuorientierung.

Gehören auch Sie zu den vielen Menschen, die hohe Ansprüche an Ihren Beruf stellen? Das ist nichts per se Schlechtes, nur ist es wichtig, sich darüber im Klaren zu sein. Der Beruf soll nicht nur das Konto im Plus halten, sondern auch innere Erfüllung bringen. Vielleicht würden Sie nicht so weit gehen zu sagen, dass der Beruf Berufung sein muss. Trotzdem ist es Ihnen sicher wichtig, darin einen gewissen Grad an Erfüllung und Sinnhaftigkeit zu erleben. Und es ist wahr: Erkennen Sie diesen, geht die Arbeit viel leichter von der Hand!

Womöglich kennen Sie die Geschichte von den drei Männern, die Steine behauen. Der eine sieht genau das als seine Aufgabe: Steine behauen – tagein, tagaus. Die Begeisterung hält sich in Grenzen. Der Zweite sagt, seine Tätigkeit trage dazu bei, eine Mauer zu errichten. Er sieht über den zu fertigenden Stein hinaus und ist gut gelaunt. Der Dritte hingegen tut seine Arbeit mit großer Begeisterung – die gleiche Arbeit, die auch seine beiden Kollegen verrichten. Er sieht sich als Teil des Teams, das benötigt wird, um eine Kathedrale zu bauen. Den Sinn in einer Arbeit zu erkennen, ist von Bedeutung und schenkt Energie! Worin sehen Sie den Sinn Ihrer Arbeit?

Was erwarten Sie von Ihrer Arbeit? Soll sie Ihnen ermöglichen, Ihre Rechnungen zu begleichen, oder soll sie Sie erfüllen?

Angenommen, Ihr Beruf bringt diese Erfüllung nicht: Wäre es möglich, trotzdem vollauf damit zufrieden zu sein, weil Sie anderswo Erfüllung finden? Wo könnten Sie anderweitig Erfüllung finden?

TRÄUMEN ERLAUBT!

In dieser Übung möchte ich Sie einladen, ein wenig zu träumen. Stellen Sie sich vor, Sie hätten die Wahl zwischen zwei Wünschen. Wunsch 1 ermöglicht es Ihnen, Ihren jetzigen Job zu »verzaubern«: Wenn Sie ihn wählen, wird Ihre Stelle so optimiert, dass sie perfekt zu Ihnen passt. Wunsch 2 hingegen entführt Sie an einen anderen Ort. Wählen Sie ihn, landen Sie an Ihrer Traumstelle. Welchen der beiden Wünsche würden Sie wählen? Egal, für welchen Sie sich entscheiden, er geht – zumindest in Ihrer Fantasie – in Erfüllung! Welchen Wunsch wählen Sie und warum?

Wenn Sie sich entschieden haben, gönnen Sie sich mindestens eine Viertelstunde, gerne auch 30 Minuten ohne Störungen von außen. Machen Sie es sich gemütlich, schließen Sie die Augen und lösen Sie Ihren Wunsch gedanklich ein. Stellen Sie sich vor, Sie würden einschlafen. Wenn Sie am nächsten Tag wieder aufwachen, ist alles ganz so, wie Sie es sich wünschen – entweder ist Ihre jetzige Arbeit optimiert (Wunsch 1) oder Sie finden sich an einer anderen Arbeitsstelle wieder (Wunsch 2). Erlauben Sie sich zu träumen. Drücken Sie auftauchende Ideen nicht direkt weg, weil Sie meinen, sie ließen sich sowieso nicht realisieren. Bei dieser Übung geht es darum, in sich reinzuhören und sich zu erlauben, Wünsche wahrzunehmen.

Schreiben Sie gerne alles auf, was Ihnen wichtig erscheint – aber erst danach. Dies sind Puzzleteile, mit denen Sie in den nächsten Tagen und Wochen weiter herumspielen können. Womöglich werden auch Dinge dabei sein, die Sie direkt umsetzen können. Manche Bedürfnisse können – dauerhaft oder auch nur vorübergehend – womöglich ausgelagert, also anderweitig befriedigt werden. Lassen Sie sich überraschen, was daraus entsteht!
Platz für Ihre Gedanken:

IHR BERUFS-ZIEL

Zum Abschluss dieses Kapitels lade ich Sie ein, sich noch einmal eingehender mit Ihren Zielen auseinanderzusetzen: Was ist Ihr ganz persönliches Berufs-Ziel? Was sind mögliche Zwischenziele? Was können Sie konkret tun, um diese zu erreichen? Hierzu habe ich einige Fragen zusammengestellt. Nehmen Sie sich Zeit, darüber nachzudenken. Bedenken Sie: Es geht um Sie, um Ihr Leben und um Ihre Ziele – nicht die Ihrer Freunde, Familie, Kollegen etc. In diesem Sinne: Los geht's!

Auf einer Skala von 1 (sehr unzufrieden) bis 10 (optimal): Wie zufrieden sind Sie aktuell mit Ihrer beruflichen Situation? Hat sich eventuell durch die vorangegangenen Impulse etwas in Ihrer Wahrnehmung verändert? Kreuzen Sie die entsprechende Zahl an.

1 – 2 – 3 – 4 – 5 – 6 – 7 – 8 – 9 – 10

Wie sähe es in diesem Lebensbereich aus, wenn er eine 10 wäre?
Wenn er eine 10 wäre, dann ______________________

Wo auf der Skala möchten Sie …

- in vier Wochen stehen? ______________________

- in drei Monaten stehen? ___
- in einem Jahr stehen? ___

Woran werden Sie festmachen können, dass Sie Ihr Ziel erreicht haben? Was hat sich bis dahin konkret verändert?

- In vier Wochen ___
- In drei Monaten ___
- In einem Jahr ___

Hand aufs Herz: Wie wichtig ist es Ihnen, dass sich in diesem Lebensbereich etwas verändert?

- Sehr wichtig! Daher bin ich bereit, Zeit und Energie in diesen Prozess zu investieren.
- Veränderung wäre schön, aber andere Dinge haben gerade Vorrang.
- Es ist mir nicht wichtig genug, etwas zu verändern.

Welche drei Dinge können Sie ab sofort tun/verändern, um Ihrem Ziel näher zu kommen?

1. ___
2. ___
3. ___

Wie werden Sie diese Dinge konkret umsetzen – und wann?

Veränderung 1

- Das werde ich tun: ___
- Damit werde ich starten: ___

Veränderung 2

- Das werde ich tun: ______
- Damit werde ich starten: ______

Veränderung 3

- Das werde ich tun: ______
- Damit werde ich starten: ______

Diese Person werde ich bitten, mich zu unterstützen:

______

SPEICHE 7: FINANZEN

Geld. Auch für Sie etwas, über das man nicht spricht? Entweder man hat es oder man hat es nicht? Wenn Sie zu denen gehören, die es haben, sei es einfach nur ausreichend oder aber im Überfluss, können Sie sich glücklich schätzen. Wenn Sie jedoch nicht zu diesem Kreis der Glücklichen gehören, blicken Sie vielleicht oft mit sorgenvollem Blick in die Zukunft: Reicht das Geld kaum bis zum Monatsende? Was passiert, wenn etwas kaputtgeht und dringend ersetzt werden muss? Besuche in der Therme oder im Freizeitpark, schick essen gehen oder ein Urlaub am Ort Ihrer Wahl sind dann wahrscheinlich meist nicht drin oder müssen mühsam erspart werden.

Wenig Geld zur freien Verfügung zu haben, ist eine Bürde. Es kann viel Energie nehmen, die Sie dringend für andere Dinge bräuchten. Umgekehrt macht Geld jedoch nicht automatisch glücklich. Es ermöglicht lediglich, etwas sorgenfreier zu leben und sich Dinge leisten zu können, ohne jeden Cent dreimal umdrehen zu müssen. Geld zu haben, gerade auch viel Geld, kann jedoch auch eine Last sein. Spricht man mit Vielverdienenden, so erzählen sie oft von der Sorge, sie könnten ihre Stelle verlieren oder ihre Firma könnte Verluste machen. Sie haben zwar mehr als genug Geld, haben aber einen hohen Standard, den sie nicht missen wollen, und finanzielle Verpflichtungen, die sie erfüllen müssen. Der Druck kann für sie ebenfalls hoch sein.

In diesem Kapitel geht es um Geld und die Frage, welche Rolle es in Ihrem Leben spielen bzw. in Zukunft spielen soll. Ist Genügsamkeit das Ziel oder ist es dran, Wege zu finden, um beispielsweise ein finanzielles Polster aufzubauen? Was brauchen Sie zum Leben, was zum Glücklichsein? Was kann, was sollte, was muss finanziell drin sein?

Es ist wichtig, die Finanzen im Blick zu haben. Genauso ist es aber auch wichtig, nicht der Versuchung zu erliegen, an der Höhe des Kontostandes Ihre Zufriedenheit festzumachen. Es gibt viele Menschen mit einem beachtlich gefüllten Bankkonto, die sehr unglücklich sind. Warum? Weil sie für diesen Kontostand so viel arbeiten, dass keine Zeit mehr bleibt für Freunde, Familie und Hobbys. Weil sie ihren Wert am Kontostand festmachen. Weil sie in der ständigen Angst leben, dass das Geld nicht reichen könnte. Geld kann Freiheit bedeuten oder Gefängnis. Die Entscheidung trifft jeder selbst.

IHRE AKTUELLE SPEICHENLÄNGE

Nun sind Sie gefragt! Bevor wir tiefer ins Thema einsteigen, lade ich Sie ein, sich über Ihre Zufriedenheit mit diesem Lebensbereich Gedanken zu machen: Sind Sie glücklich mit dem, wie es gerade läuft, gibt es massiven Handlungsbedarf oder liegt die Wahrheit irgendwo dazwischen? Auf einer Skala von 1 (sehr unzufrieden) bis 10 (optimal): Wie würden Sie Ihre Zufriedenheit mit dem Thema Finanzen einstufen?

1 – 2 – 3 – 4 – 5 – 6 – 7 – 8 – 9 – 10

An diesem Punkt kann es hilfreich sein, sich folgende Fragen zu stellen:

- Sind Sie in der Lage, alle monatlichen Grundkosten wie Miete, Strom, Lebensmittel, Kleidung etc. zu decken?
- Haben Sie ein Ausgaben-Budget, das Sie sich selbst setzen und auch einhalten, oder geben Sie Ihr Geld eher planlos aus?
- Wie zufrieden sind Sie mit dem, was Sie sich über das Nötigste hinaus leisten können? Welche Rolle spielen dabei vielleicht auch Vergleiche mit Ihren Mitmenschen?
- Wenn Sie Ihren Umgang mit Geld mit einem Wort beschreiben sollten, welches wäre es?
- Haben Sie Schulden abzuzahlen? Gibt es einen realistischen Abzahlplan oder bereiten Ihnen diese Schulden schlaflose Nächte?

Wichtig ist, dass es einzig und allein um Sie und Ihre Zufriedenheit mit dem Thema geht. Es geht nicht darum, ob Nachbarn, Freunde, Familie oder Kollegen meinen, Sie müssten mehr oder weniger tun. Es geht um Sie: Wie zufrieden sind Sie mit diesem Lebensbereich? Dies ist eine Momentaufnahme.
Wo liegt Ihr aktueller Zufriedenheitswert beim Thema Finanzen?

____

Woran machen Sie diesen fest?

____

____

____

BESITZ IN DER BIBEL

Über Geld spricht man nicht. Oder doch? In der Bibel wird an keiner Stelle erwähnt, wie viel Umsatz Jesus' Ziehvater Josef monatlich als Zimmermann machte oder ob Petrus als Fischer finanziell bessergestellt war als die Hirten seinerzeit. Stattdessen macht die Bibel ein paar grundsätzliche Aussagen über Geld und den Umgang mit eben diesem.

Gott fordert die Menschen auf, von dem, was sie besitzen, etwas abzugeben. Als Beispiele seien hier das Geben von Almosen an Arme genannt, die Versorgung der Eltern, wenn diese nicht mehr selbst für ihren Lebensunterhalt aufkommen können, oder die Abgabe des Zehnten an den Tempel. Im Neuen Testament wird davon berichtet, dass die Christen ihren Besitz untereinander teilten, weil der Glaube sie zu einer Familie gemacht hat, in der einer für den anderen sorgte.

Aber noch jemand anders sorgt für seine Kinder: Gott. Er kennt jeden Menschen ganz genau – besser sogar als wir uns selbst kennen. Er weiß, was jeder von uns braucht. Und Gott verspricht, uns mit diesen Dingen zu versorgen. Damit ist nicht das neuste Smartphone gemeint, eine All-inclusive-Reise nach Übersee oder eine Penthouse-Wohnung. Es geht um die Dinge, die wir zum Leben brauchen: Nahrung, Kleidung, ein Dach über dem Kopf. Er sorgt und er versorgt. Gott lädt uns ein, unsere Sorgen, auch die finanziellen, bei ihm abzulegen. Wir tun unseren Teil, er tut seinen.

Die Bibel spricht an vielen Stellen über Geld und Besitz. Sie macht deutlich, dass mit Besitz Verantwortung einhergeht. Ein Gieren nach immer mehr Geld wird abgelehnt. Wer sein Hauptaugenmerk aufs Geld legt, verliert andere Dinge aus dem Blick. Wo ist ihr Schatz, was ist ihnen wirklich wichtig im Leben? Diese Frage stellt Jesus seinen Nachfolgern. Wir tun gut daran, uns dieser Frage zu stellen.

Wo also liegt Ihr Schatz? Auf dem Bankkonto oder …?

QUATSCHI-GEDANKEN

Zwei alte Bekannte treffen sich per Zufall wieder. »Mein Haus, mein Auto, mein Boot« – mit diesen Worten (und den entsprechenden Beweisfotos) lässt der eine von ihnen seinen Bekannten wissen, wie gut es ihm geht. Statt vor Neid zu erblassen, kontert der aber ganz locker mit denselben Worten. Seine Fotos zeigen noch größere Besitztümer. Mit diesem Fernsehspot warb eine große deutsche Bank in den 90er-Jahren.

Nicht nur die Medien, sondern die Gesellschaft als solche suggeriert, dass sich Erfolg an materiellen Dingen festmachen lässt. Wenn Sie gut sind in dem, was Sie tun, haben Sie Geld, können sich etwas leisten. Umgekehrt bedeutet es, dass Sie das Gefühl haben könnten, sie wären nicht gut in dem, was Sie tun, einzig und allein, weil Sie keine materiellen Besitztümer vorzuweisen haben. Diese Gleichung hinkt. Das sieht man immer wieder, wenn man bereit ist, hinzugucken: Da ist der hochengagierte Sozialarbeiter, der nicht einfach Dienst nach Vorschrift macht, sondern viele unbezahlte Überstunden schiebt, weil er seinen Beruf liebt und die Menschen, die er betreut, für ihn nicht einfach nur Fälle oder gar Nummern sind, sondern Menschen, die seine Unterstützung brauchen. Sein Bankkonto ist des Öfteren kurz vorm roten Bereich. Er ist gut in dem, was er tut – das können die Menschen, mit denen er arbeitet, bezeugen, sein Kontostand hingegen weniger. Da wären auch noch die vielen Menschen, die beruflich aufgrund von Familie oder anderen Umständen zurückstecken. Da sind Menschen, die gerne arbeiten würden, aber keine Arbeit finden – obwohl sie richtig gut sind in ihrem Bereich.

Wahrscheinlich haben auch Sie wie viele Menschen mit sogenannten Quatschis zu kämpfen. Quatschis, das ist mein Wort für hinderliche Gedanken. Quatschis tun, was ihr Name bereits suggeriert: Sie quatschen – andauernd und nur Negatives. Sie erzählen Ihnen, wofür Sie zu jung, zu alt, zu dick, zu dünn, zu dumm, zu klein, zu groß, zu was auch immer sind. Viele dieser Quatschis sind Ihnen so vertraut, dass Sie sie kaum noch wahrnehmen. Viele davon haben Sie von Ihrer Umwelt übernommen: von Eltern, Lehrern, den Medien etc. Was sie alle gemeinsam haben, egal, was sie sagen und in welchen Situationen sie sich zu Wort melden? Sie sagen Ihnen nur, was Sie alles – ihrer Meinung nach – nicht können, wie Sie richtig zu handeln (»Du musst perfekt sein!«) und was Sie sein zu lassen haben (»Deine Meinung interessiert niemanden!«). Ihre Worte halten Sie klein. Sie schwirren durch Ihre Gedanken und prägen Sie und Ihr Handeln.

Hören Sie doch einmal in sich hinein: Welche Quatschi-Gedanken können Sie bei sich entdecken? Was sind Ihre ganz persönlichen Top-5-Quatschis?

1. ______________________________

2. ______________________________

3. ______________________________

4. ____________________

5. ____________________

Gibt es einen (oder sogar mehrere) Quatschi-Gedanken, der Einfluss auf Ihre Sicht auf das Thema Finanzen hat? Wie lautet er?

____

____

____

Eine Gemeinsamkeit von Quatschis ist, dass sie sehr absolut sind in ihren Aussagen. »Das ist so und daran gibt es nichts zu rütteln!«, ist ihre Devise. Das ist aber nicht wahr. Nehmen Sie sich an dieser Stelle ein paar Minuten Zeit, um für jeden Quatschi-Gedanken, den Sie notiert haben, mindestens eine Situation zu benennen, in der die Aussage nicht wahr war.
Quatschi-Gegenbeweise:

1. ____________________

2. ____________________

3. ____________________

4. ____________________

5. ____________________

Dieser spielt besonders im Bereich Finanzen eine Rolle:

BESSER DASTEHEN

Um finanziell besser dazustehen, können Sie zwei Dinge tun: mehr Geld verdienen oder weniger ausgeben. Natürlich ist auch eine Kombination möglich: mehr verdienen und weniger ausgeben.

Finanziell besser dazustehen, das bedeutet für den einen, sich (noch) mehr leisten zu können: Statt Urlaub in der Nähe geht es in immer exotischere Länder; aus einem Urlaub im Jahr werden zwei. Der Kleinwagen wird gegen einen Sportflitzer (oder alternativ einen Geländewagen) eingetauscht. Kleidung wird fortan von renommierten Marken gekauft und nicht mehr günstig oder gar secondhand. Für andere hingegen bedeutet es, sich endlich überhaupt mal ein paar Extras leisten zu können: ab und an mal einen kleinen Ausflug, bei dem sie nicht jeden Cent dreimal umdrehen müssen; einen neuen Rucksack, obwohl der alte noch nicht gänzlich den Geist aufgegeben hat; ein neues Shirt als Ergänzung zu dem günstig geshoppten Secondhandklamotten. In diesem Fall geht es nicht um großen Luxus, sondern um eine Erleichterung des Alltags.

Wie steht es um Ihre finanzielle Situation? Und was würde »finanziell besser dastehen« für Sie bedeuten?

Auf welchem Wege könnten Sie dieses Ziel am besten erreichen: mehr verdienen (z. B. indem Sie sich eine besser bezahlte Stelle suchen oder mehr Stunden arbeiten) oder weniger ausgeben (z. B. auch mal Dinge ausleihen, statt sich alles selbst anzuschaffen; Preise vergleichen; Mittagessen von daheim mitnehmen, statt sich beim Bäcker etwas zu holen)?

Wie könnte das konkret aussehen?

Wichtig ist, in allen Bemühungen, finanziell besser dazustehen, nicht in Extreme zu verfallen. Konkret bedeutet das, im Bestreben, mehr zu verdienen, nicht zum Workaholic zu mutieren. Oder auch aufzupassen, dass aus Sparsamkeit kein Geiz wird. Denn Geiz ist nichts anderes als ins Extrem getriebene Sparsamkeit. Man sucht nicht mehr nach der besten Option, sondern unterbindet jede Form von als unnötig empfundenem Luxus. Aus einem guten Wert wird ein sogenannter Unwert. Dies ist übrigens bei jedem Wert möglich: Gründlichkeit kann zur Kleinlichkeit, Toleranz zur Gleichgültigkeit, Flexibilität zu Chaos werden. Extrem ausgelebte Werte sind niemals hilfreich – weder für den Betreffenden selbst noch für den Umgang mit seinen Mitmenschen.

Sollten Ihnen Unwerte begegnen, sei es bei sich selbst oder anderen, so können Sie Folgendes tun:

- Lenken Sie den Fokus auf den guten Wert hinter dem aktuell gelebten Unwert. Er ist lobenswert!
- Bei anderen: Geben Sie Rückmeldung zu Ihrem Empfinden, dass der eigentlich gute Wert zu intensiv gelebt wird: aus Sparsamkeit wurde Geiz etc.
- Lenken Sie den Blick auf die Richtung, in die sich der Unwert zurückentwickeln sollte: sich bei aller Sparsamkeit auch mal etwas gönnen können.
- Machen Sie deutlich: Es geht nicht darum, verschwenderisch zu sein, sondern sich über das Allernötigste hinaus auch mal etwas zu gönnen. Dieser Punkt ist besonders wichtig, da Betroffene oftmals fürchten, sie sollen sich zum selbsterklärten Feindbild hin verändern (in unserem Beispiel wäre das Verschwendung). Hier gilt es, Sicherheit zu schaffen: Es geht nicht darum, das Ersparte unbedacht zum Fenster hinauszuwerfen, sondern an den Punkt zu kommen, an dem Sie sich ohne schlechtes Gewissen etwas gönnen können. Aus dem Geizhals soll wieder der liebenswerte Sparfuchs werden, kein Verschwender.

SORGENWOLKEN

Ich liebe Postkarten! Vor einiger Zeit habe ich eine mit folgendem Text entdeckt: »Hänge deine Regenwolke zum Trocknen in die Sonne.« Der Spruch hat mir auf Anhieb gefallen. Ich sah direkt eine triefnasse Regenwolke mit bunten Wäscheklammern bei uns im Garten an der Wäschespinne hängen und in der Sonne trocknen.

Mit Sorgenwolken sollten Sie es genauso machen: Statt sie immer größer werden zu lassen und sie mit Negativem zu füttern, sollten Sie sie lieber der Sonne aussetzen. Im Fall von Sorgenwolken wäre die Sonne dann so etwas wie Hoffnung, Perspektive oder die Annahme von Hilfe.

Wenn Sie schon einmal Sorgen hatten, seien sie finanzieller Art oder auch ganz allgemein, haben Sie vermutlich erlebt, wie schnell das Gedankenkarussell anspringt. Das Denken dreht sich immer mehr um das Problem. Sie starren auf das Problem, die Gefühle sind davon überschattet. Kopfkino beim Schlafengehen, aber auch so in jeder ruhigen Minute. Die Szenen, die Ihr hauseigenes Kopfkino zeigt, gleichen einem Worst-Case-Horrorfilm.

In welchen Situationen sind die Sorgen schon einmal mit Ihnen durchgegangen?

Es ist eine Tatsache, dass das Leben nicht immer ein Zuckerschlecken ist – auch nicht für Christen. Es gibt Missverständnisse, Beziehungen zerbrechen, Krankheit und Tot treten in das Leben, Situationen wachsen über den Kopf, es gibt Ungerechtigkeit. Sie können Ihren Job verlieren oder vergeblich nach einem suchen. Sie können sparsam leben und dennoch nur so eben über die Runden kommen.

Die große Frage lautet, womit Sie gerade in solchen Situationen Ihre Gedanken füttern: mit Horrorszenarien oder mit Hoffnung? Wie Sie über eine Situation denken, lenkt Ihre Wahrnehmung. Richten Sie Ihre inneren Antennen auf Hoffnung aus, werden Sie auch Hoffnungsschimmer wahrnehmen. Haben Sie jedoch Ihr inneres Suchprogramm auf Unheilverkündendes eingestellt, so werden Sie genau diese Dinge sehen.

Worauf sind Ihre Antennen meist ausgerichtet?

Sorgenwolken fressen Energie – die Energie der Person, die sie füttert. Ein Teufelskreis entsteht: Der Energieverlust führt zu einer pessimistischeren Sicht auf das Leben, Sorgen treten in den Vordergrund. Es fällt schwer, abzuschalten. Einzuschlafen wird zu einer Herausforderung. Am nächsten Morgen starten Sie bereits müde in den Tag, alles fängt wieder von vorne an, nur eine Spur schlimmer. Die Sorgenwolke bläht sich in Ihrer Wahrnehmung zu einer gigantischen Sorgenwolkendecke auf und der Zugang zu Problemlösestrategien scheint vollends versperrt.

Was aber, wenn alles gut ausginge? Gott verspricht, immer an Ihrer Seite zu sein. Er hat Gutes im Sinn. Er liebt Sie ohne Wenn und Aber und ist für Sie da. Die große Frage lautet: Erlauben Sie Gott, Ihnen in Ihrer Situation zu begegnen und die Sorgenwolken, die

Ihre Sicht auf das, was möglich ist, trüben, zur Seite zu schieben? Gott lädt Sie ein, ihn mit einzubeziehen. Er sagt nicht: »Redet die Situation klein!«, sondern: »Ladet eure Sorgen bei mir ab, damit ich mich darum kümmern kann«.

Welche Sorgenwolken schweben über Ihnen? Gehörten Sie bisher eher zu den Sorgen-Pflegern oder den Sorgen-Abgebern? Wie möchten Sie in Zukunft mit Sorgen umgehen?

Was können Sie aktiv tun, um den Dingen, die Ihnen Sorgen bereiten, zu begegnen? Wo ist es dran, Verantwortung zu übernehmen, Pläne zu schmieden, Hilfe zu suchen und/oder anzunehmen?

IHR FINANZ-ZIEL

Zum Abschluss dieses Kapitels lade ich Sie ein, sich noch einmal eingehender mit Ihren Zielen auseinanderzusetzen: Was ist Ihr ganz persönliches Finanz-Ziel? Was sind mögliche Zwischenziele? Was können Sie konkret tun, um diese zu erreichen? Hierzu habe ich einige Fragen zusammengestellt. Nehmen Sie sich Zeit, darüber nachzudenken. Bedenken Sie: Es geht um Sie, um Ihr Leben und um Ihre Ziele – nicht die Ihrer Freunde, Familie, Kollegen etc. In diesem Sinne: Los geht's!

Auf einer Skala von 1 (sehr unzufrieden) bis 10 (optimal): Wie zufrieden sind Sie aktuell mit Ihrer finanziellen Situation? Hat sich eventuell durch die vorangegangenen Impulse etwas in Ihrer Wahrnehmung verändert? Kreuzen Sie die entsprechende Zahl an.

1 – 2 – 3 – 4 – 5 – 6 – 7 – 8 – 9 – 10

Wie sähe es in diesem Lebensbereich aus, wenn er eine 10 wäre?
Wenn er eine 10 wäre, dann ______________________________

Wo auf der Skala möchten Sie …

- in vier Wochen stehen? ______________________________
- in drei Monaten stehen? ______________________________
- in einem Jahr stehen? ______________________________

Woran werden Sie festmachen können, dass Sie Ihr Ziel erreicht haben? Was hat sich bis dahin konkret verändert?

- In vier Wochen ______________________________
- In drei Monaten ______________________________
- In einem Jahr ______________________________

Hand aufs Herz: Wie wichtig ist es Ihnen, dass sich in diesem Lebensbereich etwas verändert?

- Sehr wichtig! Daher bin ich bereit, Zeit und Energie in diesen Prozess zu investieren.
- Veränderung wäre schön, aber andere Dinge haben gerade Vorrang.

- Es ist mir nicht wichtig genug, etwas zu verändern.

Welche drei Dinge können Sie ab sofort tun/verändern, um Ihrem Ziel näher zu kommen?

1. ____________________

2. ____________________

3. ____________________

Wie werden Sie diese Dinge konkret umsetzen – und wann?

Veränderung 1

- Das werde ich tun: ____________________
- Damit werde ich starten: ____________________

Veränderung 2

- Das werde ich tun: ____________________
- Damit werde ich starten: ____________________

Veränderung 3

- Das werde ich tun: ____________________
- Damit werde ich starten: ____________________

Diese Person werde ich bitten, mich zu unterstützen:

____

SPEICHE 8: ENTSPANNUNG

Entspannung ist ein enorm wichtiger Lebensbereich, der im Alltag vieler Menschen leider zu kurz kommt. Die Herausforderungen des Lebens halten vielleicht auch Sie oftmals so in Atem, dass kaum Zeit bleibt für bewusste Entspannung: Da ist ein krankes Familienmitglied, das auf Ihre Unterstützung angewiesen ist, oder eine Freundin, die Ihren Rat sucht. Es kann ein zeitintensives Projekt bei der Arbeit sein, womöglich noch gepaart mit einem hohen Krankenstand bei den Kollegen. Vielleicht beanspruchen Ihre Kinder Ihre volle Aufmerksamkeit. Oder Sie engagieren sich ehrenamtlich in der Gemeinde oder im Verein, und ein Großteil Ihrer Freizeit fließt in diese Tätigkeit. Herausforderungen können punktuell auftreten oder zu einer Art Dauerzustand werden. Wichtig ist, gerade in diesen herausfordernden Zeiten gut für sich zu sorgen. Und genau darum geht es in diesem Kapitel: Entspannung und aktive Selbstsorge. Dabei ist der Unterschied zur Freizeit, um die es im nächsten Kapitel gehen soll, der, dass es beim Thema Entspannung darum geht, Optionen zu entdecken, wie man Abstand zu den Herausforderungen des Alltags gewinnen kann. Es geht darum, Strategien zu entwickeln und sich bewusst zu werden, dass es Zeit braucht, um diese im Alltag zu leben. Beim Thema Freizeit hingegen geht es primär um die Frage, wie diese gefüllt ist und ob es sich bei ihr tatsächlich auch um freie Zeit handelt. Wie verbringen Sie die Zeit außerhalb des Büros o. Ä.? Wie möchten Sie sie in Zukunft gestalten? Dazu jedoch im Kapitel 9 mehr.

Was aber genau ist mit Entspannung gemeint? Grundsätzlich erst einmal alles, was Ihnen hilft, abzuschalten, Abstand zum Alltag zu gewinnen und neue Kraft zu tanken. Wie das genau aussieht, ist von

Mensch zu Mensch unterschiedlich. Vielleicht tut Ihnen Ruhe gut: Sie gönnen sich regelmäßige Nickerchen auf dem Sofa, entspannen bei Ihrer Lieblingsmusik, praktizieren Entspannungstechniken oder lassen sich beim Lesen der Bibel neu ausrichten. Oder Sie tanken neue Energie, indem Sie aktiv werden: Sie treiben Sport, gehen raus in die Natur oder sorgen für einen Ortswechsel. Gehören Sie zu den Menschen, die zum Entspannen das Alleinsein brauchen? Nur Sie selbst, eine gute Tasse Tee oder Kaffee, vielleicht ein spannendes Buch, in das Sie abtauchen können, oder ein paar Materialien, um sich kreativ auszutoben? Vielleicht tut es Ihnen aber auch gut, in Gesellschaft anderer aufzutanken: Sie treffen sich mit Freunden, tauschen sich aus oder unternehmen etwas zusammen.

Jeder Mensch ist einmalig. Jeder Mensch entspannt anders. Es gibt kein Richtig und Falsch. Wichtig ist nur, dass man über für sich passende Entspannungs-Strategien verfügt und diese dann auch wirklich umsetzt – regelmäßig.

Überlegen Sie doch mal, was Ihnen hilft, sich zu entspannen. Was sind Ihre Strategien? Was haben Sie bereits ausprobiert, was hat sich bewährt? Was sind Ideen, die Ihnen womöglich schon längere Zeit durch den Kopf gehen, die Sie gerne einmal ausprobieren möchten? Schreiben Sie alles auf, was Ihnen dazu einfällt.

Denken Sie immer daran: Nur wer gut für sich selbst sorgt, hat auf Dauer die Kraft, die Herausforderungen des Lebens zu meistern und für andere da zu sein!

IHRE AKTUELLE SPEICHENLÄNGE

Nun sind Sie gefragt! Bevor wir tiefer ins Thema einsteigen, lade ich Sie ein, sich über Ihre Zufriedenheit mit diesem Lebensbereich Gedanken zu machen: Sind Sie glücklich mit dem, wie es gerade läuft, gibt es massiven Handlungsbedarf oder liegt die Wahrheit irgendwo dazwischen? Auf einer Skala von 1 (sehr unzufrieden) bis 10 (optimal): Wie würden Sie Ihre Zufriedenheit mit dem Thema Entspannung einstufen?

1 – 2 – 3 – 4 – 5 – 6 – 7 – 8 – 9 – 10

An diesem Punkt kann es hilfreich sein, sich folgende Fragen zu stellen:

- Haben Sie das Gefühl, ausreichend Zeit für Entspannung zu finden?
- Verfügen Sie über für Sie passende Entspannungs-Strategien? Gemeint sind Strategien, die zu Ihnen und Ihrem Leben passen.
- Wenden Sie diese Strategien bewusst an? Wie oft in etwa?
- Entspannen Sie nur, wenn es unbedingt sein muss oder per Zufall zeitlich reinpasst? Oder ist Selbstsorge ein fester Bestandteil Ihres Lebens?
- Kommen Sie aus diesen Auszeiten mit mehr Energie heraus, als Sie reingegangen sind?

Wichtig ist, dass es einzig und allein um Sie und Ihre Zufriedenheit mit dem Thema geht. Es geht nicht darum, ob Nachbarn, Freunde, Familie oder Kollegen meinen, Sie müssten mehr oder weniger tun. Es geht um Sie: Wie zufrieden sind Sie mit diesem Lebensbereich? Dies ist eine Momentaufnahme.

Wo liegt Ihr aktueller Zufriedenheitswert beim Thema Entspannung?

Woran machen Sie diesen fest?

EIN (ENT-)SPANNENDER BLICK IN DIE BIBEL

Das Wort Entspannung beschreibt sehr gut, worum es geht: Spannung rauszunehmen. Ent-Spannung im wortwörtlichen Sinne. Es geht darum, die Anstrengungen des Alltags abzulegen, eine Auszeit von dem, was An-Spannung erzeugt, um neue Kraft zu schöpfen und sich auf das, was wirklich im Leben zählt, auszurichten. Dies ist keine Erfindung des 21. Jahrhunderts oder irgendwelcher Selbstfindungs-Gurus. Gott selbst macht es vor. Mehr noch: Er fordert uns explizit auf, es ihm gleichzutun!

Im Schöpfungsbericht wird berichtet, wie Gott die Erde mit allem, was darauf lebt, geschaffen hat. Danach heißt es dann: »Am siebten Tag vollendet Gott sein Werk und ruhte von seiner Arbeit aus. Und Gott segnete den siebten Tag und erklärte ihn für heilig, weil es der Tag war, an dem er sich von seiner Schöpfungsarbeit ausruhte.« (1. Mose 2,2-3)

In den Zehn Geboten wird dies noch mal explizit aufgegriffen. Gott erlässt folgende Regel: »Denk an den Sabbat und halte ihn. Sechs Tage in der Woche sollst du arbeiten und deinen alltäglichen Pflichten nachkommen, der siebte Tag aber ist ein Ruhetag für den Herrn, deinen Gott. An diesem Tag darf kein Angehöriger deines Hauses irgendeine Arbeit erledigen. Das gilt für dich, deine Söhne und Töchter, deine Sklaven und Sklavinnen, dein Vieh und alle Ausländer, die bei dir wohnen. Denn in sechs Tagen hat der Herr den Himmel, die Erde, das Meer und alles, was darin und darauf ist, erschaffen; aber am siebten Tag hat er geruht. Deshalb hat der Herr den Sabbat gesegnet und für heilig erklärt.« (2. Mose 20,8-11)

Warum war es Gott so wichtig, einen wöchentlichen Ruhetag einzuführen – und das nicht nur als mögliche Option, sondern als verbindliche Regel? Gott hat Sie als Menschen geschaffen. Er weiß, was Sie brauchen: Ruhe für Ihren Körper und Ihre Seele; Zeit für die Begegnung mit ihm. Diese Ruhetage sind dazu gedacht, ganz bewusst aus dem Alltagstrott auszubrechen. Sie geben Ihnen die Möglichkeit, Ihre Energietanks aufzufüllen.

Diesen göttlichen Lebensrhythmus tragen Sie in sich. Leider glauben viele Menschen heutzutage, ihn ignorieren zu können, ohne dass dies Folgen hat. Mit Folgen ist nicht gemeint, dass Gott aus dem Himmel herabsteigt, um demjenigen die Leviten zu lesen. Vielmehr brennen Sie aus – sicher nicht von heute auf morgen, aber im Laufe der Zeit. Vielleicht versuchen Sie sich einzureden, dass Sie so etwas wie Ruhezeiten nicht brauchen – oder sie sich nicht leisten zu können in dieser schnelllebigen, herausfordernden Zeit. Jedoch ist das Gegenteil der Fall: Ohne Zeiten der Entspannung, in denen Sie Abstand gewinnen zum Alltag und Zeit haben, sich neu auszurichten, werden Sie nicht die Kraft haben, den Herausforderungen zu trotzen. Die Energiereserven schwinden, die Müdigkeit nimmt zu, das Leben wird anstrengender. Schuld ist oftmals ein zu hohes Lebenstempo mit zu wenig Pausen, meist gepaart mit überhöhten Ansprüchen an sich selbst. Gott hat Ihnen an jedem siebten Tag einen Ruhetag geschenkt. Sie müssen ihn nur nutzen!

Gönnen Sie sich was! Zum Beispiel ein wenig Ruhe, eine kleine Auszeit – selbst wenn heute nicht Sonntag ist. Tun Sie sich etwas Gutes und sei es nur für fünf Minuten: Drehen Sie eine kleine Runde an der frischen Luft, genießen Sie eine Tasse Tee oder gönnen Sie sich ein Nickerchen. Solche kleinen Entspannungsroutinen tun Körper und Seele gut und lassen sich meist problemlos in den Tag einbauen.

SELBSTSORGE

Wie stehen Sie zum Thema Entspannung und Selbstsorge – nicht rein theoretisch, sondern ganz praktisch? Grundsätzlich würde ich annehmen, dass Entspannung erst einmal positiv klingt: nach Ruhe, Auszeit, neuer Kraft. Aber wie sieht es im Alltag, also im realen Leben aus? Hat Entspannung da einen festen Platz? Wird das theoretische Wissen darüber, dass Entspannung ein wichtiger Teil des Lebens ist, auch in die Praxis überführt, sprich: gelebt?

Wenn ich mir mit meinen Klienten dieses Thema anschaue, wird meist erst einmal begeistert genickt: Ja, Entspannung ist gut! Entspannung ist wichtig! Und ja, sie muss unbedingt in den Alltag eingeplant werden! Wenn ich jedoch mit etwas Abstand nachfrage, wie es denn so klappt mit den Auszeiten, dann kommen fast immer ähnliche Antworten: Es war einfach keine Zeit – die Kinder, der Job, die Familie, die vielen Termine … Irgendetwas kommt immer dazwischen! Die gute Absicht ist definitiv vorhanden, aber mit der Umsetzung hapert es. Entspannung ist also theoretisch wichtig, steht von der Priorität im Alltag jedoch eher unten auf der Liste.

Vielleicht kennen Sie auch ein anderes Hindernis, nämlich den Gedanken, Entspannung sei egoistisch, ein unnötiger Luxus. Oder aber, dass Sie es sich nicht verdient hätten, sich eine Auszeit zu gönnen und Selbstsorge zu betreiben. Denn genau darum geht es: Abstand zu bekommen zu den Herausforderungen des Lebens, Kraft zu tanken, Gedanken zu sortieren, um dann zurück in den Alltag gehen zu können – gestärkt an Körper und Seele sowie klarer im Kopf.

Selbstsorge ist eine wichtige Grundvoraussetzung, um auf Dauer gesund zu bleiben. Das gilt besonders für diejenigen, die viel geben. Auf den Punkt gebracht ist Selbstsorge die Basis, um überhaupt geben zu können. Denn Sie können nur das weitergeben, was Sie auch haben. Sind die Energietanks leer, ist da logischerweise auch nicht mehr viel zu geben.

Ein weiteres Hindernis ist das Denken in Extremen: Entspannung wird mit Faulheit gleichgesetzt, mit lebenslangem Müßiggang. Das wollen Sie sicher gar nicht, haben aber vielleicht dennoch Angst, andere könnten aktive Selbstsorge in diesem Sinne deuten.

Meine Frage an Sie: Wie ist Ihre Sicht auf Entspannung und Selbstsorge – nicht theoretisch, sondern ganz praktisch? Woran machen Sie das fest? Wo in Ihrem Leben sehen Sie Ihre Antwort durch Ihr Handeln bestätigt? Hierbei geht es nicht darum, sich zu rechtfertigen. Vielmehr geht es darum, die gegebene Antwort noch mal einem Realitätstest zu unterziehen. Oft sind Antworten noch etwas zu theoretisch oder idealisierend und nicht deckungsgleich mit dem, was im Alltag tatsächlich gelebt wird. Ehrliche Selbstchecks – absolut wichtig, um weiterzukommen! Notieren Sie sich Ihre Gedanken zu diesen Fragen und tauschen Sie sich auch gerne mit anderen darüber aus.

DIE GESCHENKE-BOX

Vielleicht kommt Ihnen das bekannt vor: Bei der Arbeit ist es stressig, die Kinder stecken mitten in der Pubertät und im Gespräch mit dem Partner rieselt es Missverständnisse. Sie fühlen sich ausgelaugt und wünschen sich nichts sehnlicher als eine kleine Auszeit. Einfach mal abschalten, Abstand bekommen zu den Herausforderungen des Alltags und die Energietanks auffüllen. Die große Frage ist nur, wie das konkret aussehen könnte. Gestern hatten Sie sie noch, die guten Ideen. Aber jetzt, wo Sie sie so dringend brauchen, kommen Sie nicht mehr drauf. Und wenn Sie doch eine Idee haben, dann ist es meist nicht die passende, da zu teuer, zu zeitintensiv oder nur mithilfe Dritter (Babysitter, Begleitperson etc.) umsetzbar.

In solch einer Situation greifen viele Menschen auf eine altvertraute Strategie zurück, die da lautet: Augen zu und durch! Manchmal geht es auch kaum anders. Ein Problem entsteht allerdings dann, wenn diese Methode im Dauereinsatz ist. Denn mit »Augen zu und durch!« gewinnen Sie weder Abstand zum Alltag noch laden Sie Ihre Energietanks auf. Das Gegenteil ist der Fall: Die Akkus laufen leer, der Stresspegel steigt und ein Ausstieg aus diesem wohlvertrauten Muster wird immer schwieriger.

Was also tun, damit es gar nicht erst so weit kommt? Eine Idee ist das Erstellen einer ganz persönlichen »Geschenke-Box«. Eine

Geschenke-Box ist eine Sammlung von Ideen für kleinere oder auch größere Auszeiten sowie verschiedener anderer Dinge, die Ihnen guttun – quasi kleine Geschenke an sich selbst! Das kann eine CD mit der Lieblingsmusik sein, Fotos, ein schön duftender Badezusatz, kleine Erinnerungsstücke, Zitate und Bibeltexte, aber auch Rätsel, ein Tagebuch o. Ä.

Im Folgenden finden Sie ein paar Anregungen, die Ihnen helfen können, Ihre eigene Geschenke-Box zu bestücken. Ergänzen Sie Ihre Box nach Belieben um eigene Ideen. Es geht darum, zu entdecken, was Ihnen ganz persönlich guttut. Was das ist, wissen nur Sie. Erinnern Sie sich an Dinge, die Ihnen in der Vergangenheit neue Energie gegeben haben. Probieren Sie auch gerne Neues aus.

Welche Menschen könnten Ihnen helfen?

- Jemand, der gut zuhören kann:

- Jemand, der Ihnen hilft, eine Lösung zu finden:

- Jemand, der Sie auf andere Gedanken bringt:

- Andere wichtige Personen:

Aktivitäten, die maximal zehn Minuten dauern:

Aktivitäten, die maximal eine Stunde dauern:

Aktivitäten, die maximal drei Stunden dauern:

Aktivitäten für einen freien Tag (oder mehr):

Aktivitäten, die nichts kosten:

Orte, die Ihnen guttun:

Musik, die Ihre Stimmung hebt:

Bewegung, die Energie gibt:

Kleidung, in der Sie sich besonders wohlfühlen:

Essen, das Sie glücklich macht:

Zitate, Bibelstellen etc., die Sie neu ausrichten:

Kraftspendende Erinnerungen:

Nehmen Sie sich die Freiheit, Ihre Geschenke-Box ganz nach Ihren Bedürfnissen zu gestalten: Für manche ist eine kleine Schachtel, in der sie ihre Schätze sammeln, stimmig; anderen reicht eine Liste. Menschen hingegen, die viel unterwegs sind, profitieren von einer Geschenke-Box auf dem Handy: Dort speichern sie ihre Auszeit-Ideen sowie Bilder, Lieder und Texte, die ihnen helfen, sich zu sammeln.

WAS DARF ES SIE KOSTEN?

Sie wollen zukünftig Entspannung zu einem festen Bestandteil Ihres Lebens machen? Eine sehr gute und vor allem gesunde Entscheidung – Gratulation! Nun will ich kein Spielverderber sein, möchte Ihnen aber dennoch eine wichtige Frage stellen: die nach den Kosten. Gemeint sind nicht eventuell anfallende Eintrittsgelder fürs Thermalbad oder Besuche beim Masseur. Wovon ich spreche, sind die Konsequenzen, die die Entscheidung für mehr Entspannung nach sich ziehen. Denn machen wir uns nichts vor: die gibt es. Gäbe es sie nicht, wäre es nicht so herausfordernd, dieses gute Vorhaben auch wirklich im Alltag umzusetzen.

Kosten bzw. Konsequenzen können ganz unterschiedliche Gesichter haben. Zum einen bedeutet es ganz praktisch, dass Sie Zeit für

Entspannung freimachen müssen. Der Tag verlängert sich schließlich nicht automatisch um die 30 Minuten, die Sie sich gegönnt haben, um Ihre Krafttanks aufzufüllen. Im Umkehrschluss bedeutet es, dass Sie an anderer Stelle 30 Minuten einsparen müssen. Das kann zur Folge haben, dass die Zeit vor dem Fernseher etwas gekürzt wird, Sie etwas kochen, das weniger zeitaufwendig ist, oder dem Partner zutrauen, das Kind auch mal allein ins Bett zu bringen.

Der Tag eines jeden Menschen ist auf die eine oder andere Art gefüllt. Die Herausforderung lautet somit, Zeitfenster freizumachen, neu zu sortieren, Prioritäten zu verschieben. Sobald dies auch die Mitmenschen betrifft, kann es hilfreich sein, die geplanten Veränderungen ihnen gegenüber zu thematisieren.

Welche Veränderungen würden Sie gerne vornehmen? Wie viel Zeit werden Sie dafür jeweils benötigen? Wo können Sie die benötigte Zeit einsparen, um Entspannung zu ermöglichen?

Veränderung 1: ____________________

Zeitaufwand: ____________________

Kürzen: ____________________

Veränderung 2: ____________________

Zeitaufwand: ____________________

Kürzen: ____________________

Veränderung 3: ____________________

Zeitaufwand: ____________________

Kürzen: ____________________

Es ist sinnvoll, sich vorab Gedanken darüber zu machen, welche Konsequenzen Entscheidungen haben. Nur so sind Sie in der Lage, vorausschauend zu planen und die Chancen auf Erfolg zu erhöhen. Vor allem ermöglicht es Ihnen, Ihr Leben aktiv zu gestalten: Sie sehen den Herausforderungen ins Auge, können Problemlösungsstrategien entwickeln und erleben, dass sich Dinge in die gewünschte Richtung verändern. Je bewusster Sie solche Veränderungen angehen, desto größer die Aussicht auf Erfolg.

Sie verändern Dinge in Ihrem Alltag, stehen für sich und Ihre Bedürfnisse ein, setzen neue Grenzen bzw. verteidigen sie. Dies kann Bewunderung seitens Ihrer Mitmenschen hervorrufen: Sie finden es gut und unterstützen Sie in Ihrem Vorhaben. Genauso gut kann es aber auch sein, dass es Personen gibt, die sich damit schwertun, beispielsweise weil sie dadurch mehr Aufgaben im Haushalt übernehmen müssten.

Überlegen Sie: Wer kann Sie in diesem Prozess unterstützen? Wer könnte ihn boykottieren? Wie könnten Sie es schaffen, letztere Personengruppe mit ins Boot zu holen? Hierzu kann es hilfreich sein, sich noch einmal vor Augen zu führen, was Ihre ganz persönlichen Gründe für mehr Entspannung im Alltag sind.

IHR ENTSPANNUNGS-ZIEL

Zum Abschluss dieses Kapitels lade ich Sie ein, sich noch einmal eingehender mit Ihren Zielen auseinanderzusetzen: Was ist Ihr ganz persönliches Entspannungs-Ziel? Was sind mögliche Zwischenziele? Was können Sie konkret tun, um diese zu erreichen? Hierzu habe ich einige Fragen zusammengestellt. Nehmen Sie sich Zeit, darüber nachzudenken. Bedenken Sie: Es geht um Sie, um Ihr Leben und um

Ihre Ziele – nicht die Ihrer Freunde, Familie, Kollegen etc. In diesem Sinne: Los geht's!

Auf einer Skala von 1 (sehr unzufrieden) bis 10 (optimal): Wie zufrieden sind Sie aktuell mit der Entspannung in Ihrem Leben? Hat sich eventuell durch die vorangegangenen Impulse etwas in Ihrer Wahrnehmung verändert? Kreuzen Sie die entsprechende Zahl an.

1 – 2 – 3 – 4 – 5 – 6 – 7 – 8 – 9 – 10

Wie sähe es in diesem Lebensbereich aus, wenn er eine 10 wäre?
Wenn er eine 10 wäre, dann ______________________________

Wo auf der Skala möchten Sie …
- in vier Wochen stehen? ______________________________
- in drei Monaten stehen? ______________________________
- in einem Jahr stehen? ______________________________

Woran werden Sie festmachen können, dass Sie Ihr Ziel erreicht haben? Was hat sich bis dahin konkret verändert?
- In vier Wochen ______________________________
- In drei Monaten ______________________________
- In einem Jahr ______________________________

Hand aufs Herz: Wie wichtig ist es Ihnen, dass sich in diesem Lebensbereich etwas verändert?
- Sehr wichtig! Daher bin ich bereit, Zeit und Energie in diesen Prozess zu investieren.
- Veränderung wäre schön, aber andere Dinge haben gerade Vorrang.
- Es ist mir nicht wichtig genug, etwas zu verändern.

Welche drei Dinge können Sie ab sofort tun/verändern, um Ihrem Ziel näher zu kommen?

1. ______________________________

2. ______________________________

3. ______________________________

Wie werden Sie diese Dinge konkret umsetzen – und wann?

Veränderung 1

- Das werde ich tun: ______________________________
- Damit werde ich starten: ______________________________

Veränderung 2

- Das werde ich tun: ______________________________
- Damit werde ich starten: ______________________________

Veränderung 3

- Das werde ich tun: ______________________________
- Damit werde ich starten: ______________________________

Diese Person werde ich bitten, mich zu unterstützen:

____

SPEICHE 9: FREIZEIT

Freizeit – bedeutet das für Sie eher freie Zeit oder Freizeitstress? Kürzlich sagte jemand, er freue sich, wenn er am nächsten Tag wieder ins Büro fahre – dort sei es weniger stressig als nach Feierabend. Denn zu Hause würde seine Frau ihm immer mit all den Aufgaben rund ums Haus in den Ohren liegen, seine Kinder müssten zum Training und zu Verabredungen gefahren und später wieder abgeholt werden, dazu dann noch Dinge wie Elternabende, Sitzungen vom Ortsverein, offizielle Gemeindeveranstaltungen, Familienbesuche. Am Ende bleibe das frustrierende Gefühl, wieder nicht die Sachen getan zu haben, zu denen er Lust hat und die ihm so guttun würden: lesen, Freunde treffen, Ausflüge, Sport etc. Aber die Verpflichtungen sind nun einmal da – was will man machen?

Natürlich kann Freizeit auch ganz anders aussehen: erholsam und mit ausreichend Zeit, um aufzutanken und die Dinge zu tun, die Ihnen guttun. Für viele Menschen ist dies jedoch ein Ideal, das wenig mit ihrer Lebensrealität zu tun hat. Hier eine gute Balance anzustreben, wäre ein wichtiges Ziel. Denn wenn Sie Ihre Freizeit bis obenhin mit Terminen vollstopfen, haben Sie keine Zeit mehr zur freien Verfügung. Diese ist aber wichtig, um reflektieren und dann auch gute Entscheidungen treffen zu können. Es braucht Zeit, um den eigenen Bedürfnissen Genüge zu tun, beispielsweise nach einer extra Portion Schlaf, Austausch, Bewegung oder Zeit für sich allein. Manchmal braucht es wenig davon, manchmal deutlich mehr als normal, weil bei der Arbeit gerade totales Chaos herrscht oder so einfach viel (in Ihnen) los ist.

Wenn Sie Ihre Freizeit stark von außen bestimmen lassen und sich selbst wenig Zeit zugestehen, laufen Sie schnell Gefahr, auszu-

brennen: Wenn Sie keine Zeit mehr haben für entspannte Treffen mit guten Freunden, für Hobbys und andere Dinge, die Kraft spenden und helfen, einen Ausgleich zum oft herausfordernden Alltag herzustellen, ist der Energietank bald leer. Wenn Sie nur in Beruf, Familie und Ehrenamt powern, ohne für einen Ausgleich zu sorgen, wenn Sie immer geben, aber nie oder nur selten nehmen, bleiben Sie letztlich leer und ausgelaugt zurück.
Was in Ihrer Freizeitgestaltung gibt Ihnen neue Energie?

IHRE AKTUELLE SPEICHENLÄNGE

- Nun sind Sie gefragt! Ich lade Sie ein, sich über Ihre Zufriedenheit mit diesem Lebensbereich Gedanken zu machen: Sind Sie glücklich mit dem, wie es gerade läuft, gibt es massiven Handlungsbedarf oder liegt die Wahrheit irgendwo dazwischen? Auf einer Skala von 1 (sehr unzufrieden) bis 10 (optimal): Wie würden Sie Ihre Zufriedenheit mit dem Thema Freizeit einstufen?

1 – 2 – 3 – 4 – 5 – 6 – 7 – 8 – 9 – 10

An diesem Punkt kann es hilfreich sein, sich folgende Fragen zu stellen:
- Haben Sie das Gefühl, ausreichend Zeit zur freien Gestaltung zu haben?
- Sind Sie in der Lage, in Ihrer Freizeit neue Energie zu tanken?

- Wie sieht Ihre Freizeit aus? Beinhaltet sie viele regelmäßige Termine oder gestalten Sie sie immer wieder anders?
- Wer darf über Ihre freie Zeit verfügen?
- Welches Wort kommt Ihnen als Erstes in den Sinn, wenn Sie an Ihre Freizeit denken?

Wichtig ist, dass es einzig und allein um Sie und Ihre Zufriedenheit mit dem Thema geht. Es geht nicht darum, ob Nachbarn, Freunde, Familie oder Kollegen meinen, Sie müssten mehr oder weniger tun. Es geht um Sie: Wie zufrieden sind Sie mit diesem Lebensbereich? Dies ist eine Momentaufnahme.
Wo liegt Ihr aktueller Zufriedenheitswert beim Thema Freizeit?

Woran machen Sie diesen fest?

FREIZEIT IN DER BIBEL

»Maria, wollen wir am Wochenende mit Jesus und den anderen Kindern ins Kino gehen?« Diese Frage hat Josef ganz sicher nie gestellt. Und das liegt nicht allein daran, dass es damals noch keine Kinos gab. Das Leben der Menschen damals orientierte sich zu weiten Teilen am Jahreslauf: Man arbeitete nicht geregelt von 8 Uhr morgens bis 17 Uhr nachmittags, sondern nutzte vielmehr die Zeit, in der die Sonne es einem ermöglichte, die anstehende Arbeit zu erledigen. Künstliches Licht gab es damals ja noch nicht. Die Menschen lebten in viel größerem Maße im Rhythmus, den die Natur ihnen vorgab. Tageslicht, Sonne, Regen, Wärme und Kälte gaben den Rahmen vor.

Trotzdem waren die Menschen damals keine Workaholics, die nichts außer ihrer Arbeit kannten. Wenn es zu dunkel war, um noch zu arbeiten, war Feierabend. Da wurden keine Akten mit nach Hause gebracht und nach dem Abendessen der Computer noch mal angeschmissen. Der Sabbath, vergleichbar mit unserem Sonntag, war ein Ruhetag: An diesem Tag wurde gemäß Gottes Gebot nicht gearbeitet. Es war ein Tag, der eigens dafür geschaffen worden war, um Zeit mit Gott zu verbringen und Kraft zu schöpfen für die neue Woche. Sechs Tage arbeiten, einen Tag ruhen – ein göttlicher Rhythmus, der in alle Menschen hineingelegt wurde. Gott wusste, dass Erholung nötig ist. Deshalb ist Ruhe keine nette Option, sondern ein Gebot, das Gott erlassen hat. Es ist kein Luxus, sondern absolut notwendig.

Der natürliche Rhythmus von Licht und Dunkelheit, Arbeit und Pause ist den meisten Menschen abhandengekommen. Es gibt viele Möglichkeiten, anders zu leben. Vielfach ist es heute auch fast nicht mehr möglich, da kaum ein Arbeitgeber sich darauf einlassen wird, dass seine Mitarbeiter im Sommer haufenweise Überstunden aufbauen, um dann in den Wintermonaten bereits am frühen Nachmittag Feierabend zu machen, sobald es anfängt, dunkel zu werden. Das ist auch nicht weiter schlimm. Die Herausforderung besteht darin, im Zuge der vielen Möglichkeiten die Erholung nicht aus dem Blick zu verlieren. Es benötigt Planung – und den Willen, gut für sich zu sorgen.

Freizeit, Erholung, Ruhe – wo haben diese Dinge in Ihrem Alltag Platz? Begehen Sie den Sonntag als bewussten Ruhetag und als Möglichkeit, Zeit mit Gott zu verbringen?

VON WERTEN UND BEDÜRFNISSEN

Wie lautet Ihre Definition von Freizeit? Wann fängt sie an, wann hört sie auf und was macht sie aus? Ich frage deshalb, weil die Definition von Freizeit von Mensch zu Mensch stark variiert. Für den einen ist Freizeit all das, was nicht Arbeitszeit ist. Sie beginnt somit beim Verlassen des Arbeitsplatzes und geht bis zum nächsten Dienstbeginn. Manche folgen inhaltlich mehr der Duden-Definition, die besagt, dass Freizeit die Zeit ist, in der jemand nicht zu arbeiten braucht, keine besonderen Verpflichtungen hat – frei verfügbare Zeit für Hobbys und Erholung.
Was bedeutet Freizeit für Sie?

In dem Wort Freizeit stecken die Wörter »frei« und »Zeit«: Zeit, die Sie nach eigenem Belieben nutzen können. So viel zur Theorie. Denn im Allgemeinen wird das Wort für die Zeit verwendet, in der Sie nicht einer bezahlten Arbeit nachgehen. In diese Zeit fallen viele Dinge und Aufgaben, die nicht immer dem Wunsch nach Erholung entsprechen. Es sind die täglichen Pflichten wie das Zuhause sauber zu halten, für Essen und frische Kleidung zu sorgen, aber auch Besuche bei Verwandten, Taxidienste fürs Kind, Elternabende in der Schule etc. All diese Dinge fallen in die (arbeits-)freie Zeit, sind jedoch keine Freizeit im Duden-Sinne.

Nun wäre es fatal, sich dazu verleiten zu lassen, diese Dinge als negativ abzustempeln. Im Normalfall entsprechen Sie unseren Werten: Wir putzen, kochen und waschen, weil Sauberkeit und die Versorgung mit Essen uns wichtig sind. Familienbesuche stehen vielleicht nicht immer auf Platz 1 unserer Freizeitgestaltungs-Wunschliste, aber da die Familie uns wichtig ist, machen wir sie zur Priorität.
Was ist Ihnen wichtig, was sind Ihre Werte? Und wie spiegelt sich diese in Ihrer Freizeitgestaltung wider?

Werte zu haben, sich ihrer bewusst zu sein und ihnen entsprechend zu handeln, ist wichtig. Sobald Sie ihnen zuwiderhandeln, werden Sie unauthentisch. Gleichzeitig ist es aber auch wichtig, das Ausleben Ihrer Werte richtig zu dosieren. Gemeint ist, sie in Einklang mit Ihren Bedürfnissen zu bringen. Ein Beispiel: Familie ist für Frau Holle ein wichtiger Wert. Ihr ist es wichtig, ihre Familie häufig zu sehen. Ihre Liebe zu ihr zeigt sie durch liebevoll ausgesuchte Geschenke zum Geburtstag, aufwendige Tortenkreationen zu Familienfeiern und wöchentliche Anrufe bei entfernter lebenden Angehörigen. Zudem kümmert sie sich um die alternde Großmutter. Als bei der

Arbeit ein großes Projekt auf ihrem Schreibtisch landet, das viele Überstunden fordert, wird ihr alles zu viel. Wie gerne würde sie sich nach der Arbeit einfach mal aufs Sofa fallen lassen und richtig durchatmen! Der Wert Familie trifft auf das Bedürfnis nach Ruhe und Erholung.

Frage an Sie: Wie steht es um Ihre Bedürfnisse? Wenn Sie könnten, wie Sie wollten – wie würden Sie Ihre freie Zeit gerne nutzen? Was brauchen Sie gerade jetzt oder auch ganz allgemein, damit Ihre Energietanks nicht leer laufen?

Frau Holle muss schauen, wie sie ihren eigenen Bedürfnissen gerecht werden kann, ohne ihre Werte zu verraten. Das könnte so aussehen, dass sie ihrer Familie von dem Großprojekt erzählt und sie wissen lässt, dass die nächste Torte vielleicht deutlich weniger aufwendig, dafür aber mit genauso viel Liebe gefertigt sein wird. Oder sie könnte eines ihrer Geschwister bitten, die nächsten Wochen den Einkauf für die Oma zu übernehmen. Werte und Bedürfnisse in Einklang zu bringen, ist eine Kunst, die leider nicht viele Menschen beherrschen. Es ist aber eine, die anzueignen sich lohnt!
Ideen, wie Sie Werte und Bedürfnisse besser in Einklang bringen können:

DAS MÜNZ-EXPERIMENT

Im vorausgegangenen Impuls haben Sie sich mit Ihren Werten und Bedürfnissen auseinandergesetzt. Es ist wichtig, sich ihrer bewusst zu sein, denn nur so ist es möglich, aktiv Entscheidungen zu treffen, die beiden gerecht werden.

Vielleicht haben Sie schon versucht, den ein oder anderen Impuls umzusetzen, sei es zum Thema Werte und Bedürfnisse, zu einem anderen Gedanken aus diesem Buch oder auch ganz allgemein. Im Idealfall ist Ihnen dies auf Anhieb geglückt. Sollte dem nicht so sein, dann kann ich Sie beruhigen: Sie sind nicht allein! Es kommt vielleicht auch bei Ihnen häufig vor, dass Sie mit einem Plan im Hinterkopf losziehen und dann doch ganz anders handeln als beabsichtigt. Ein Beispiel: Elternabend. Sie gehen hin und nehmen sich vor, dieses Mal keinen Kuchen für den Schulbasar zu backen – dieses Jahr sind mal die anderen dran. Am Ende des Abends haben Sie zugestimmt, einen Kuchen zu backen und sogar noch eine Schicht beim Kuchenverkauf zu übernehmen. Mögliche Gründe könnten sein, dass Sie die Erwartungshaltung der anderen Eltern spüren (»Du hast doch die letzten Jahre immer einen Kuchen beigesteuert!«), dem Druck nicht standhalten können (»Wenn sich keiner meldet, müssen wir den Kuchenverkauf abblasen. Aber dann fehlt das Geld für den bereits geplanten Klassenausflug …«) oder Sie einfach entschieden haben, den Weg des geringsten Widerstands zu gehen: »Lieber den Kuchen backen als hier eine große Diskussion lostreten und am Ende die Böse sein.«

Machen Sie doch einmal selbst den Test! Stecken Sie sich dazu in die eine Hosen- oder Jackentasche einige Münzen. Jedes Mal, wenn Sie feststellen, dass Sie Ja zu etwas gesagt haben, obwohl Sie eigentlich Nein meinten, wenn Sie nicht das gesagt oder getan haben, was Sie eigentlich sagen oder tun wollten, nehmen Sie eine der Münzen und stecken sie in die andere Tasche. Am Ende des Tages leeren Sie Ihre Taschen. Wie viele Male mussten Münzen die Tasche wechseln? Was kam bei Ihnen heraus?

Was finden Sie bei diesem Experiment bemerkenswert?

Bei dieser Übung geht es darum, sich bewusst zu machen, wie oft Sie im Alltag verleitet sind, von Ihrem ursprünglichen Plan abzuweichen. Schauen Sie auf den Tag zurück und überlegen Sie, wie Sie die jeweiligen Abweichungen vom ursprünglichen Plan bewerten. In welchem Punkt ärgern Sie sich, dass Sie von Ihrem Plan abgewichen sind? Warum?

Mit welcher Abweichung sind Sie glücklich? Warum?

Diese Übung können Sie jederzeit wiederholen, wenn Sie beispielsweise das Gefühl haben, zu sehr auf Impulse von außen zu reagieren und dadurch von Ihrem eigentlichen Vorhaben abzuweichen. Es ist eine gute Möglichkeit, um zu entscheiden, ob und ggf. wo Handlungsbedarf besteht. Das Ziel ist nicht, von nun an egoistisch durchs Leben zu gehen, sondern eine Grundlage zu haben, um gute Entscheidungen zu treffen, mit dem Ziel, ein Leben in mehr Balance zu führen.

DINGE VERÄNDERN

Wir Menschen sind Gewohnheitstiere: Wir entwickeln Routinen, gestalten unsere Woche um feste Termine und vor langer Zeit eingegangene Verpflichtungen. Es kommt hier etwas dazu, dann da noch etwas und mit einem Mal ist der Tag so voll, dass man dringend 2-3 Stunden mehr brauchen könnte – um sich zu erholen.

Es ist wie bei unserem Garten: Vor einigen Jahren kauften wir ein Haus. Die Vorbesitzer hatten den Garten angelegt und wir waren anfangs einfach nur froh, dass alles schon so grün war und wir nicht parallel zum Einzug noch viel im Außenbereich machen mussten. Im Laufe der Jahre veränderten wir das ein oder andere, aber immer innerhalb der vom Vorbesitzer gesetzten Strukturen. So richtig glücklich waren wir nicht damit. Es ist etwas peinlich, aber es hat einige Jahre gedauert, bis mir der bahnbrechend-befreiende Gedanke kam, dass wir Dinge ändern könnten. Nur weil der Vorbesitzer den Kompost an Ort A platziert hatte, bedeutete das nicht, dass wir ihn nicht an Ort B umsetzen konnten. Nur weil er eine Hecke als Sichtschutz gepflanzt hatte, hieß es nicht, dass wir sie nicht rausnehmen konnten, wenn wir dadurch das Grundstück besser für unsere Zwecke nutzen konnten. So banal diese Erkenntnis klingen mag: Sie hat viel verändert!

Was für unseren Garten gilt, lässt sich in vielen Punkten auch auf das Leben übertragen – und auf die Freizeitgestaltung.

Was sind Ihre »Sichtschutzhecken« und »Komposthaufen«, um die herum Sie bisher Ihre Freizeit planen? Welche Verpflichtungen, welche festen Termine gibt es?

____

____

In unserem Garten ist vieles noch so, wie wir es vom Vorbesitzer übernommen haben. Manche Dinge haben sich bewährt, manche werden wir in absehbarer Zeit noch ändern, aber noch ist nicht die richtige Zeit dafür. Was heißt das übertragen auf Ihre Wochengestaltung?

____

____

____

Was hat sich bewährt? Welche Termine, Verpflichtungen und Routinen möchten Sie auf jeden Fall beibehalten?

Welche Termine, Verpflichtungen und Routinen passen nicht (mehr) zu Ihrer jetzigen Lebenssituation? Wo wünschen Sie sich eine Veränderung?

Wie könnte sie konkret aussehen und wann möchten Sie sie umsetzen?

Nicht alles lässt sich sofort umsetzen. Viele Verpflichtungen können Sie nicht von heute auf morgen widerrufen. Es gibt Menschen, die sich auf Sie verlassen. Das bedeutet nicht, dass Veränderung nicht möglich ist – sie muss nur gut kommuniziert und längerfristig geplant werden. Viele Dinge hingegen lassen sich auch kurzfristig ändern. Wichtig ist aber auch hier, mit allen, die von der Änderung betroffen sind, im Gespräch zu sein, um ggf. gute Lösungen zu finden.

IHR FREIZEIT-ZIEL

Zum Abschluss dieses Kapitels lade ich Sie ein, sich noch einmal eingehender mit Ihren Zielen auseinanderzusetzen: Was ist Ihr ganz persönliches Freizeit-Ziel? Was sind mögliche Zwischenziele? Was können Sie konkret tun, um diese zu erreichen? Hierzu habe ich einige Fragen zusammengestellt. Nehmen Sie sich Zeit, darüber nachzudenken. Bedenken Sie: Es geht um Sie, um Ihr Leben und um Ihre Ziele – nicht die Ihrer Freunde, Familie, Kollegen etc. In diesem Sinne: Los geht's!

Auf einer Skala von 1 (sehr unzufrieden) bis 10 (optimal): Wie zufrieden sind Sie aktuell mit Ihrer Freizeitgestaltung? Hat sich eventuell durch die vorangegangenen Impulse etwas in Ihrer Wahrnehmung verändert? Kreuzen Sie die entsprechende Zahl an.

1 – 2 – 3 – 4 – 5 – 6 – 7 – 8 – 9 – 10

Wie sähe es in diesem Lebensbereich aus, wenn er eine 10 wäre?

Wenn er eine 10 wäre, dann ____________________

Wo auf der Skala möchten Sie …

- in vier Wochen stehen? ____________________
- in drei Monaten stehen? ____________________
- in einem Jahr stehen? ____________________

Woran werden Sie festmachen können, dass Sie Ihr Ziel erreicht haben? Was hat sich bis dahin konkret verändert?

- In vier Wochen ______________________________
- In drei Monaten ______________________________
- In einem Jahr ______________________________

Hand aufs Herz: Wie wichtig ist es Ihnen, dass sich in diesem Lebensbereich etwas verändert?

- Sehr wichtig! Daher bin ich bereit, Zeit und Energie in diesen Prozess zu investieren.
- Veränderung wäre schön, aber andere Dinge haben gerade Vorrang.
- Es ist mir nicht wichtig genug, etwas zu verändern.

Welche drei Dinge können Sie ab sofort tun/verändern, um Ihrem Ziel näher zu kommen?

1. ______________________________

2. ______________________________

3. ______________________________

Wie werden Sie diese Dinge konkret umsetzen – und wann?

Veränderung 1

- Das werde ich tun: ______________________________
- Damit werde ich starten: ______________________________

Veränderung 2

- Das werde ich tun: ______________________________
- Damit werde ich starten: ______________________________

Veränderung 3

- Das werde ich tun: ______________________________
- Damit werde ich starten: ______________________________

Diese Person werde ich bitten, mich zu unterstützen:

____

SPEICHE 10: SINN

Das Leben kann so schön sein – und doch kann es auch sinnfrei erscheinen. Natürlich ist es schön, eine Familie zu haben, gute Freunde, vielleicht sogar Haus und Garten, einen relativ sicheren Job, mit dem alle anfallenden Ausgaben bezahlt werden können ... Dennoch kommen sicher auch Sie in verschiedenen Phasen Ihres Lebens an den Punkt, wo Sie mehr wollen. Gemeint ist nicht ein größeres Haus, einen tolleren Job, noch mehr Freunde oder dergleichen. Die Rede ist von etwas Größerem: von Sinn.

Sinn ist ein größerer, übergeordneter Grund, warum Sie leben oder – um es herunterzubrechen – jeden Morgen aufstehen und tun, was Sie tun. Suchen Sie nach diesem Sinn, wird im Umfeld gelegentlich abfällig von »Midlife-Krise« gesprochen, so nach dem Motto: »Person X hat festgestellt, dass sie nicht ewig lebt, jetzt geht sie auf Sinnsuche!« Nach dem Sinn zu suchen, ganz gleich ob ausgelöst durch eine sogenannte Midlife-Krise oder auch ohne äußeren Anlass, ist jedoch etwas Gutes. Es hilft Ihnen, Dinge aus einer anderen Perspektive zu sehen, den Blick von sich selbst wegzulenken, hin auf Ihr Umfeld.

Bei der Suche nach dem Sinn geht es um die Frage nach dem Warum: Warum tun Sie, was Sie tun? Warum sind Sie auf der Welt? Welchen Unterschied macht es, dass Sie leben? Dies sind zentrale Fragen. Wenn Sie sie für sich beantworten können, schöpfen Sie daraus eine ungeahnte Kraft. Der persönliche Glaube kann eine Antwort auf diese Fragen geben oder zumindest einen Beitrag leisten.

Da diese Frage so wichtig ist und sich auf viele andere Lebensbereiche auswirkt, lade ich Sie ein, sich in den folgenden Impulsen mit diesem Thema auseinanderzusetzen. Schreiben Sie es nicht voreilig als für Sie nicht relevant oder nicht zu lösende Frage ab. Begeben Sie sich stattdessen auf die Suche nach vielen unterschiedlichen Puzzleteilen. Je mehr Sie davon zusammentragen, desto mehr können Sie das Gesamtbild erkennen, desto näher kommen Sie Ihrer Antwort auf die Frage nach dem Warum.

IHRE AKTUELLE SPEICHENLÄNGE

Nun sind Sie gefragt! Bevor wir tiefer ins Thema einsteigen, lade ich Sie ein, sich über Ihre Zufriedenheit mit diesem Lebensbereich Gedanken zu machen: Sind Sie glücklich mit dem, wie es gerade läuft, gibt es massiven Handlungsbedarf oder liegt die Wahrheit irgendwo dazwischen? Auf einer Skala von 1 (sehr unzufrieden) bis 10 (optimal): Wie würden Sie Ihre Zufriedenheit mit dem Thema Sinn einstufen?

1 – 2 – 3 – 4 – 5 – 6 – 7 – 8 – 9 – 10

An diesem Punkt kann es hilfreich sein, sich folgende Fragen zu stellen:

- Erleben Sie Ihr Leben als sinnvoll?
- Sehen Sie Sinn in dem, was Sie tun?
- Welche Bedeutung spielt der Glaube in Ihrem Alltag?

- Planen Sie bewusst Zeit ein, um Ihre Beziehung zu Gott und Ihren Glauben zu vertiefen? Warum tun Sie das und wie sieht das ganz konkret aus?
- Erleben Sie sich als Menschen, der einmalig geschaffen ist und einen dementsprechend einmaligen Beitrag in dieser Welt leisten kann?

Wichtig ist, dass es einzig und allein um Sie und Ihre Zufriedenheit mit dem Thema geht. Es geht nicht darum, was Nachbarn, Freunde, Familie oder Kollegen dazu sagen. Es geht um Sie: Wie zufrieden sind Sie mit diesem Lebensbereich? Dies ist eine Momentaufnahme. Wo liegt Ihr aktueller Zufriedenheitswert beim Thema Sinn?

____

Woran machen Sie diesen fest?

____

____

____

____

____

____

____

SINNSUCHE IN DER BIBEL

Im Buch Prediger heißt es: »Fassen wir alles zusammen, so kommen wir zu dem Ergebnis: Nimm Gott ernst und befolge seine Gebote! Das ist alles, worauf es für den Menschen ankommt.« (Prediger 12,13; GNB) Salomo ist somit der Auffassung, dass der höchste Sinn des Lebens, die höchste Absicht, das höchste Ziel darin besteht, sein ganzes Leben auf Gott auszurichten und ihn mit unseren Gedanken, Worten und Taten zu ehren. Gott ist die höchste Autorität und auf ihn gilt es, unseren Sinn auszurichten.

So richtig Salomo mit seiner Aussage liegt, so allgemein ist sie auch. Aus diesem Grund suchen viele Menschen nach dem konkreten Wie, nach der Anwendung dieser Aussage auf ihr Leben. Es geht um die Frage, wie sie sich auf Entscheidungen, auf die Lebensplanung, auf den Alltag auswirkt.

Gott hat die Menschen einmalig erschaffen als Individuen mit ganz unterschiedlichen Persönlichkeiten, Gaben, Erfahrungen, Lebenswegen. Er hat manche zu großen Aufgaben berufen, während andere eine Nebenrolle zu spielen scheinen. Noahs Aufgabe war, seinen Gehorsam zu zeigen, indem er wider aller menschlicher Logik eine Arche baute und so das Überleben seiner Familie und der Tierwelt sicherstellte. Jesus' Aufgabe war es, den Menschen von Gottes Plan zu erzählen und am Kreuz den Preis für die Sünden der Menschheit zu bezahlen. Maria war bereit, sich dem möglichen Spott ihrer Mitmenschen zu stellen, als sie ihren Körper Gott zur Verfügung stellte, um Jesus auszutragen. Es gibt viele Personen der Bibel, die vermutlich sehr klar sagen können, was ihre Aufgabe im Leben ist. Sie haben nicht danach gesucht, sondern ihn einfach gefunden. Er ergab sich aus ihrer Beziehung zu Gott.

Das wirft bei vielen Menschen die Frage auf, ob es wirklich einzig und allein darum geht, Gott zu lieben und seinen Geboten zu folgen –

oder ob da noch mehr ist, ob sie vielleicht ihre besondere Aufgabe, die Gott ihnen ganz konkret zugedacht hat, verpassen.

Was denken Sie: Ist es möglich, dass Gott Ihnen eine besondere Aufgabe zugedacht hat, es aber zulässt, dass Sie sie verpassen, wenn Sie nicht selbst darauf kommen, welche es ist?

SINNSUCHER-FRAGEN

Ich lade Sie ein, sich mit einigen Fragen rund um das Thema Sinn und Glaube auseinanderzusetzen. Hierbei geht es darum, dass Sie für sich ein paar Dinge klären. Sie können die Fragen der Reihe nach beantworten oder mit der Frage beginnen, die Sie am meisten anspricht. Dies ist kein Sinnsuch-Sprint, sondern ein Prozess – quasi ein Sinn-such-und-find-Dauerlauf. Geben Sie sich selbst die Zeit, die Sie brauchen. Es ist Ihre Reise und Sie allein bestimmen das Tempo!

1. Denken Sie, dass es die eine, für alle gültige Antwort auf die Frage nach dem Sinn des Lebens gibt? Die eine Antwort, die für alle Menschen zu allen Zeiten, aus allen Kulturen gleichermaßen gilt?

- Ja.

Wie könnte sie lauten?

- Nein.

Warum denken Sie, dass das nicht funktioniert? Könnte man alternativ z. B. einen für alle Christen gültigen Lebenssinn definieren oder muss das jeder Mensch für sich selbst rausfinden?

2. Eine etwas philosophisch anmutende Frage: Wird Sinn Ihrer Meinung nach von außen bestimmt, z. B. von Gott, oder ist es eher so, dass jeder Mensch selbst Sinn in eine Aufgabe/Situation etc. reinspricht? Oder anders ausgedrückt: Wer entscheidet, ob etwas sinn-voll ist: Sie selbst, Ihre Mitmenschen, Ethik/Religion, Gott oder …?

Viktor Frankl weist darauf hin, dass das Wissen um eine Lebensaufgabe einen eminent psychotherapeutischen und psychohygienischen Wert hat. Das Wissen um den Sinn des eigenen Lebens helfe mehr als alles andere dabei, äußere Schwierigkeiten und innere Beschwerden zu überwinden.[6]

3. Wenn ich Sie heute fragen würde, was der Sinn Ihres Lebens ist: Was würden Sie antworten?

4. Was ist Ihr Beitrag in dieser Welt? Oder anders ausgedrückt: Was würde fehlen, gäbe es Sie nicht? (Tipp: Wir denken oft viel zu gering von uns. Wenn Ihnen also nichts oder nur wenig einfällt oder Sie sich nicht trauen, es aufzuschreiben, weil es Ihnen zu lapidar erscheint, dann fragen Sie doch einmal Freunde und Vertraute. Sie können Ihnen ganz sicher etwas dazu sagen!)

Es lohnt sich, mit Menschen Ihres Vertrauens über diese Fragen ins Gespräch zu kommen. Im gegenseitigen Austausch bereichern wir einander!

WARUM? DARUM!

Viktor Frankl, den ich in der letzten Einheit schon einmal zitiert habe, hat einmal in Anlehnung an Friedrich Nietzsche gesagt: »Wer ein Warum zu leben hat, erträgt fast jedes Wie.«[7] Frankl muss es wissen: Er saß lange Zeit im Konzentrationslager und hat sich anschließend sehr ausgiebig mit seinen Erfahrungen und der Frage nach dem Sinn auseinandergesetzt. Wer auf die Frage nach dem Warum mit einem überzeugten »Darum« antworten kann, kann aus diesem Wissen viel Kraft schöpfen.

Mit der heutigen Übung lade ich Sie ein, Ihre ganz persönlichen »Darums« zu entdecken. Gemeint ist dieses Mal nicht die Frage nach dem großen Sinn des Lebens, sondern nach dem Darum hinter den Alltäglichkeiten: Warum leben Sie so, wie Sie leben? Warum setzen Sie die Prioritäten, die Sie setzen? Warum machen Sie die Arbeit, die Sie machen? Warum …? Auf diese Art können Sie letztlich jeden Lebensbereich und alles, was Sie tun, hinterfragen.

Nehmen wir als Beispiel einen Menschen, der regelmäßig frustriert von der Arbeit nach Hause kommt. Die Arbeit macht keine Freude mehr; sie wird als sinnlos empfunden. »Jeden Tag bearbeite ich Akten – es ist immer das gleiche Prozedere. Die Aktenberge werden nie kleiner; es kommen immer neue dazu. Es ist so frustrierend!« Wichtig ist es, die Arbeit neu zu »rahmen«, sie also von einem anderen Blickwinkel aus zu betrachten. Die Beschreibung der Arbeit als solche mag richtig sein: sich wiederholende Abläufe, ständig neue Anträge, keine Erfolge im Sinne von komplett abgearbeiteten Aktenbergen. Neu ins Bewusstsein gerufen werden sollte der Aspekt, dass sich hinter jedem Antrag ein Mensch, eine Familie, ein Leben verbirgt. Natürlich ist das nichts bahnbrechend Neues, jedoch etwas, das im Alltagstrott und -frust leicht aus dem Blickfeld gerät. Jedes Vorgespräch kann ein einfaches Auskunftgeben sein, oder aber eine hoffnungsspendende Beratung. Jeder bearbeitete Antrag nichts weiter als eine Akte weniger oder aber eine Person, der geholfen werden konnte. Aus stupider Aktenbearbeitung wird sinnvolle Hilfestellung

für Menschen in kleinen oder auch größeren Nöten. Diese Art Perspektivwechsel, dieses Bewusstsein für das Darum kann dazu führen, dass aus Frust am Beruf neue Lust erwächst.
Für welche Themen möchten Sie die Frage nach dem Warum mit einem klaren, von Herzen kommenden Darum beantworten können?

Wenn Sie sich auf die Suche nach Ihren Darums machen, werden Sie feststellen, dass Sie auf manche Fragen nach dem Warum sehr schnell eine Antwort geben können, während es bei anderen deutlich länger dauert. Fragen Sie sich bei den gefundenen Darums gerne auch, ob es sich dabei wirklich um Ihre eigenen handelt, oder ob Sie sie von jemand anders übernommen haben. Letzteres ist kein Problem, solange Sie ein echtes Ja dazu haben. Vielleicht werden Sie im Zuge Ihrer Suche auch zu dem Schluss kommen, dass es an der Zeit ist, in Zukunft Dinge anders zu machen als bisher. Seien Sie gespannt darauf, was diese Suche im Alltag auslöst!
Platz für Ihre Darums:

MEINE SINN-BLUMEN

Was wäre, wenn …? Was wäre, wenn Sie Sinn fänden – den Sinn des Lebens, Ihres Lebens, oder auch einfach einen Sinn in dem, was Sie tagtäglich tun? Wie wirkt sich ein sinnerfülltes Leben auf das, was Sie denken, erleben und tun aus?

Ich lade Sie ein, diesen Fragen weiter nachzugehen. Nehmen Sie sich hierfür am besten drei Blatt Papier und einen Stift. Auf das erste Blatt schreiben Sie DENKEN. Notieren Sie hier alles, was Ihnen zu diesem Thema einfällt. Wie würden Sie über Ihr Leben denken, über Herausforderungen, über sich, wenn Sie Sinn gefunden haben? Auf das zweite Blatt schreiben Sie ERLEBEN. Stellen Sie sich selbst vor, wenn Sie herausgefunden haben, was Ihre Aufgabe in dieser Welt ist, was der Sinn: Wären Sie ein neutraler Beobachter, welche Veränderungen würden Sie an sich wahrnehmen? Wären Sie gelassener, fröhlicher, hoffnungsvoller? Lächelten Sie häufiger, stünden Sie aufrechter? Auf das dritte Blatt schreiben Sie TUN. Notieren Sie hier all die Dinge, die Sie sich tun sehen: Was würde Sinn ganz praktisch verändern in Ihrem Alltag, in Ihrem Handeln und Verhalten?

Nehmen Sie sich die nötige Zeit, um diesen Fragen nachzugehen. Spüren Sie in sich hinein, malen Sie es sich aus und machen Sie sich dann so viele Notizen wie möglich. Alles, was Ihnen in den Sinn kommt, hat auf den drei Zetteln Platz. Im Anschluss markieren Sie die sechs Worte pro Blatt, die Ihnen am wichtigsten sind – die, die Sie am meisten ansprechen. Tragen Sie sie nun in die Blätter der Blumen ein. Sie sollen Sie daran erinnern, was für einen Unterschied es macht, die Frage nach dem Warum beantworten zu können.

DENKEN
ERLEBEN
TUN

DENKEN
ERLEBEN
TUN

IHR SINN-ZIEL

Zum Abschluss dieses Kapitels lade ich Sie ein, sich noch einmal eingehender mit Ihren Zielen auseinanderzusetzen: Was ist Ihr ganz persönliches Sinn-Ziel? Was sind mögliche Zwischenziele? Was können Sie konkret tun, um diese zu erreichen? Hierzu habe ich einige Fragen zusammengestellt. Nehmen Sie sich Zeit, darüber nachzudenken. Bedenken Sie: Es geht um Sie, um Ihr Leben und um Ihre Ziele – nicht die Ihrer Freunde, Familie, Kollegen etc. In diesem Sinne: Los geht's!

Auf einer Skala von 1 (sehr unzufrieden) bis 10 (optimal): Als wie sinnerfüllt empfinden Sie aktuell Ihr Leben und wie Ihren Glauben? Hat sich durch die vorangegangenen Impulse etwas in Ihrer Wahrnehmung verändert? Kreuzen Sie die entsprechende Zahl an.

1 – 2 – 3 – 4 – 5 – 6 – 7 – 8 – 9 – 10

Wie sähe es in diesem Lebensbereich aus, wenn er eine 10 wäre?
Wenn er eine 10 wäre, dann ______________________________

Wo auf der Skala möchten Sie …
- in vier Wochen stehen? ______________________________
- in drei Monaten stehen? ______________________________
- in einem Jahr stehen? ______________________________

Woran werden Sie festmachen können, dass Sie Ihr Ziel erreicht haben? Was hat sich bis dahin konkret verändert?
- In vier Wochen ______________________________
- In drei Monaten ______________________________
- In einem Jahr ______________________________

Wie wichtig ist es Ihnen, dass sich etwas verändert?

- Sehr wichtig! Daher bin ich bereit, Zeit und Energie in diesen Prozess zu investieren.
- Veränderung wäre schön, aber andere Dinge haben gerade Vorrang.
- Es ist mir nicht wichtig genug, etwas zu verändern.

Welche drei Dinge können Sie ab sofort tun/verändern, um Ihrem Ziel näher zu kommen?

1. ______________________________

2. ______________________________

3. ______________________________

Wie werden Sie diese Dinge konkret umsetzen – und wann?

Veränderung 1

- Das werde ich tun: ______________________
- Damit werde ich starten: ______________________

Veränderung 2

- Das werde ich tun: ______________________
- Damit werde ich starten: ______________________

Veränderung 3

- Das werde ich tun: ______________________
- Damit werde ich starten: ______________________

Diese Person werde ich bitten, mich zu unterstützen:

____

SPEICHE 11: ENGAGEMENT

Woran denken Sie, wenn Sie das Wort »Engagement« hören bzw. lesen? Weckt es positive Bilder und Emotionen oder erzeugt es eher Stress? Ist Engagement etwas, bei dem Sie an Ehrenämter im Sportverein oder Ähnlichem denken? Zahllose Sitzungen, viele Stunden Dienst am Kuchenstand bei Veranstaltungen etc. und wenn Sie einmal zugesagt haben, kommen Sie da nur schwer wieder raus.

In den folgenden Impulsen werden wir uns auf die Suche nach verschiedenen Formen des Engagements machen. Es geht darum, sich einzubringen auf eine Art und Weise, die stimmig ist. Stimmig bedeutet: Es passt zu Ihnen, Ihren Gaben und Möglichkeiten, Ihrem Leben.

Ein altes Sprichwort, das übrigens ihren Ursprung in der Bibel hat, besagt, dass Geben seliger ist als Nehmen. Gott hatte recht, als er das sagte: Es tut gut, anderen Menschen Gutes zu tun. Das kann eine Spende sein, aber auch ein offenes Ohr, ein offenes Zuhause, das Investieren in eine andere Person etc. Die Möglichkeiten sind so vielfältig, dass klar ist: Jeder hat etwas zu geben!

Im Geben lenken Sie den Blick weg von sich, hin auf den Nächsten. Auch das tut gut: den anderen zu sehen. Und zu erleben: Sie können etwas geben! Dieses Geben, jede Form von Engagement ist im Idealfall mehr als fromme Pflichterfüllung. Sie sollte aus dem Bewusstsein kommen, wie viel einem selbst in der Vergangenheit gegeben wurde. Segen weitergeben, könnte man auch sagen. Vielleicht wäre es spannend, einmal auf das eigene Leben zurückzuschauen und sich zu überlegen, wo andere Menschen direkt oder indirekt in Sie investiert haben. Was fällt Ihnen dazu ein? Welche

Menschen hatten einen positiven Einfluss auf Ihr Leben? Wer hat sich ehrenamtlich engagiert, wovon Sie profitieren konnten?

IHRE AKTUELLE SPEICHENLÄNGE

Nun sind Sie gefragt! Bevor wir tiefer ins Thema einsteigen, lade ich Sie ein, sich über Ihre Zufriedenheit mit diesem Lebensbereich Gedanken zu machen: Sind Sie glücklich mit dem, wie es gerade läuft, gibt es massiven Handlungsbedarf oder liegt die Wahrheit irgendwo dazwischen? Auf einer Skala von 1 (sehr unzufrieden) bis 10 (optimal): Wie würden Sie Ihre Zufriedenheit mit dem Thema Engagement einstufen?

1 – 2 – 3 – 4 – 5 – 6 – 7 – 8 – 9 – 10

An diesem Punkt kann es hilfreich sein, sich folgende Fragen zu stellen:

- Erleben Sie sich als engagierten Menschen? Wie zeigt sich das im Alltag?
- Auf welche Art geben Sie: Zeit, Geld, Wissen, Hilfe, …?
- Wie wichtig ist es Ihnen, sich zu engagieren bzw. zu geben?
- Engagieren Sie sich regelmäßig und bewusst oder eher spontan, wenn aktiv um Hilfe gebeten wird? Was ist Ihre Motivation?

- Erleben Sie dieses Engagement als leidige Pflichterfüllung oder als etwas, das auch Sie bereichert?

Wichtig ist, dass es einzig und allein um Sie und Ihre Zufriedenheit mit dem Thema geht. Es geht nicht darum, ob Nachbarn, Freunde, Familie oder Kollegen meinen, Sie müssten mehr oder weniger tun. Es geht um Sie: Wie zufrieden sind Sie mit diesem Lebensbereich? Dies ist eine Momentaufnahme.
Wo liegt Ihr aktueller Zufriedenheitswert beim Thema Engagement?

Woran machen Sie diesen fest?

ENGAGEMENT IN DER BIBEL

Die Bibel spricht davon, dass jeder Mensch von Gott auf einmalige Art und Weise begabt ist. Jeder Mensch verfügt über Fähigkeiten –

manche sehr offensichtlich, manche von der Art, dass Sie vielleicht ein wenig genauer hinschauen müssen, um sie zu entdecken. Fähigkeiten, die gerade in ihrer Kombination mit der eigenen Persönlichkeit, dem eigenen Lebensweg einmalig und besonders sind – und durch niemanden und nichts zu ersetzen.

Wenn die Bibel davon spricht, dass Geben seliger ist als Nehmen, so ist dies nicht allein auf Geld beschränkt. Natürlich können Sie Geld spenden und anderen damit Gutes tun – und Sie sollten dies auch im Rahmen Ihrer Möglichkeiten gerne tun! Geben aber auf den finanziellen Aspekt zu beschränken, wäre verkürzt.

Die Bibel vergleicht die Gemeinschaft der Christen mit einem Körper, in dem jedes Körperteil seine Aufgabe hat. Manche dieser Aufgaben erscheinen auf den ersten Blick wichtiger als andere. Die Bibel macht jedoch deutlich, dass dieses Denken falsch ist: Jeder Mensch hat einen Beitrag zu leisten, jeder verfügt über Fähigkeiten, die die Gruppe braucht. Demnach geht es beim Geben nicht nur darum, etwas Geld zu spenden, sondern weiter gefasst auch darum, seine Fähigkeiten einzusetzen – zum Wohl der Gemeinschaft. Im Blick zu behalten, dass jeder etwas zu geben hat, dass jeder wichtig ist, stärkt den Wert des Einzelnen und die Gemeinschaft untereinander. Wir brauchen einander!

Segen weiterzugeben, ist eine Form, Gott zu ehren. Das bezieht sich nicht nur auf Dienste innerhalb der christlichen Gemeinde, sondern gilt für jedes Engagement, das die Not des anderen, ganz gleich wie groß oder vermeintlich klein sie sein mag, sieht und darauf reagiert. »Was ihr für einen meiner Geringsten meiner Brüder und Schwestern getan habt, das habt ihr für mich getan«, heißt es in der Bibel. Wir haben empfangen, von Gott und Menschen, und wir dürfen weitergeben – an unseren Nächsten, zur Ehre Gottes.

Was macht der Gedanke mit Ihnen, dass Sie ein wichtiger Teil von etwas sind und dass Sie etwas zu geben haben? Was könnte das sein?

____

____

____

OPTIONEN ENTDECKEN

Lassen Sie mich Ihnen die (fiktive) Geschichte von Herrn Müller erzählen: Herr Müller ist ein fleißiger Mensch. Jeden Morgen fährt er mit dem Zug zur Arbeit. Leider gibt es ein Problem: Der Bahnhof an seinem Wohnort wird geschlossen. Herr Müller ärgert sich. Seit Jahren schon fährt er Morgen für Morgen mit dem Zug und nun so etwas! Aller Logik zum Trotz geht er am Tag nach der Schließung wieder zum Bahnhof. Dort wartet er auf seinen Zug. Der fährt auch vorbei, schließlich ist ja nur der Bahnhof und nicht die gesamte Bahnstrecke stillgelegt worden. Halten tut der Zug jedoch nicht.

Herr Müller regt sich fürchterlich auf: Er ist sauer auf den Zugführer, der vorbeifährt, statt anzuhalten und ihn mitzunehmen. Er ärgert sich über die Deutsche Bahn, die sich erdreistet hat, seinen geliebten Bahnhof zu schließen. Und auch über die anderen Bahnfahrer zieht er her, denn die scheinen die Schließung einfach so zu akzeptieren. Herr Müller ist äußerst kreativ darin, anderen die Schuld für seine Misere zu geben.

Herausforderungen tun genau das, was ihr Name schon sagt: Sie fordern heraus. Nun gibt es mehrere Möglichkeiten, mit ihnen umzugehen. Herr Müller verfällt in eine Trotzhaltung, die ihn jedoch nicht wirklich weiterbringt – schon gar nicht zur Arbeit. Hilfreicher ist es, in solchen Situationen nach alternativen Handlungsoptionen Ausschau zu halten. Herr Müller beispielsweise hätte sich fragen können, ob es ihn weiterbringt, sich so in die Situation hineinzusteigern. Fühlt er sich danach besser, bringt es ihn zur Arbeit? Er hätte sich fragen können, was die anderen Bahnfahrer machen: Wie gehen sie mit der neuen Situation um? Dabei hätte er neue Optionen entdecken können, um zur Arbeit zu gelangen: den Bus, das Rad, eine Fahrgemeinschaft oder sein Auto, das sonst nur am Wochenende bewegt wird. Vielleicht hätte er auch festgestellt, dass er die Fahrerei schon lange nervig fand, und sich eine neue Stelle vor Ort suchen können. Oder aber er wäre in den Nachbarort gezogen, weil der größer ist und nach Feierabend mehr zu bieten hat.

Es ist immer gut, Ausschau nach den verschiedenen Optionen zu halten, die Sie haben. Das gilt auch für das Thema Engagement und Geben. Gerade bei Letzterem denken viele Menschen zuerst an Geld. Wenn der Blick auf den Kontostand Ihnen aber anzeigt, dass da nicht viel möglich ist, ist die Enttäuschung oftmals groß und der Gedanke, Sie könnten nichts geben, kommt auf.

Ich lade Sie ein, einmal auf Ideensuche zu gehen: Was können Sie außer Geld noch alles geben? Ein paar erste Ideen: Zeit, Hilfe, ein offenes Ohr, Wissen … Sie könnten auch nicht mehr Gebrauchtes an das örtliche Sozialkaufhaus spenden. Notieren Sie sich alles, was Ihnen hierzu in den Sinn kommt – ganz allgemeine Dinge, aber gerne auch konkrete Ideen, was Sie ganz persönlich zu geben haben. Welche Optionen können Sie entdecken? Denken Sie dabei ruhig quer und tauschen Sie sich auch gerne mit Menschen Ihres Vertrauens aus. Was könnten sie sich vorstellen, was Sie zu geben haben? Fragen Sie sie doch auch einmal, was sie bräuchten, wenn sie einen Wunsch äußern könnten. Es geht dabei nicht darum, dass Sie diesen

Wunsch erfüllen, sondern dass Sie Ideen bekommen, wie Hilfe aussehen kann abseits von einer Spende.
Ihre ganz persönlichen Gebe-Ideen:

DAS TREIBHAUS

Stellen Sie sich vor, Sie wachen eines Morgens auf, schauen aus dem Fenster und entdecken ein Treibhaus, das in Ihrem Garten steht. Als Sie die Tür öffnen, um einen Blick ins Innere zu werfen, entdecken Sie ganz unterschiedliche Pflanzen: einige noch ganz klein, andere etwas größer, wieder andere geradezu riesig. Manche davon sind kurz davor, einzugehen, während andere in voller Blüte stehen. Einige dunkle Exemplare machen Anstalten, die übrigen Pflanzen zu überwuchern. Mit einem Mal erkennen Sie: Dieses Treibhaus, das bin ich!

In diesem Treibhaus können Dinge wachsen – und Sie haben die Verantwortung dafür. Die Pflanzen stehen symbolisch für Ihr Potenzial, Ihre Fähigkeiten, Herzensthemen, Möglichkeiten. Gott hat diese Dinge in Sie hineingelegt, zum Segen für Sie und andere. Jedoch haben die Pflanzen sich im Laufe der Zeit ganz unterschiedlich entwickelt, denn sie wurden lange Zeit sich selbst überlassen.

Oft entdecken Menschen ihr Fähigkeiten-Treibhaus erst, wenn sie sich aktiv auf die Suche nach ihm machen oder aber weil Dinge in ihrem Leben aus der Bahn geraten und sie schauen müssen, wie

sie mit der neuen Situation umgehen können. Ganz gleich, was zum Entdecken des Treibhauses geführt hat: Jeder Mensch trägt sein ganz persönliches Treibhaus in sich. Es ist gefüllt mit Dingen, die es (neu) zu entdecken, pflegen und entfalten gilt.
Ein paar Ideen, um die Schätze Ihres Treibhauses zu bergen:

1. Bitten Sie Freunde und Vertraute um Feedback: Welche Fähigkeiten und besonderen Eigenschaften können sie bei Ihnen wahrnehmen?

2. Schauen Sie zurück: Gibt es Themen, die sich wie ein roter Faden durch Ihr Leben ziehen? Wofür haben Sie schon oft positive Rückmeldung erhalten?

3. Überlegen Sie, wofür die dunklen Pflanzen stehen könnten, die das Potenzial haben, die anderen Blumen zu überwuchern? Sind es negative Gedanken über sich selbst, Ihre Möglichkeiten oder etwas anderes?

Potenzial hat ganz verschiedene Gesichter. Jeder Mensch trägt eine einzigartige Gabenkombination in sich. Reden Sie Ihre Entdeckungen nicht klein, sondern nehmen Sie sie wahr. Wenn Sie Ihre Fähigkeiten kennen, bejahen und leben, entfalten Sie dadurch Kraft.

Was aber tun, wenn Sie Dinge in Ihrem Treibhaus entdeckt haben, denen Sie zukünftig mehr Aufmerksamkeit widmen möchten? Zuerst einmal: Bringen Sie diesen Dingen Wertschätzung entgegen. Sie sind ein Geschenk, das ausgepackt und genutzt werden will. Fangen Sie an, mit Ihren Entdeckungen zu experimentieren, sie zu trainieren. Seien Sie mutig! Tauschen Sie sich mit Menschen Ihres Vertrauens aus, werden Sie zum Lernenden, was Ihren Gaben-Mix betrifft.

Was möchten Sie konkret tun?

Und vor allem: Haben Sie Geduld: Dies ist ein Prozess! Sie müssen nicht alles sofort verstehen und perfekt umsetzen können. Halten Sie sich vor Augen, dass auch eine Tomatenpflanze Zeit braucht von der Saat über den Ansatz der ersten Blüten bis zur erntereifen Frucht!

RAUS AUS DER OHNMACHT

Es gibt sicher auch bei Ihnen Situationen, in denen Sie das Gefühl haben, Sie könnten nichts ausrichten, nichts bewegen – Sie fühlen sich dem Geschehen hilflos ausgeliefert. Viele Menschen beschreiben in solchen Situationen ein Ohnmachtsgefühl. Hervorgerufen werden kann es durch eine akute Überforderung, beispielsweise weil etwas völlig Unerwartetes geschieht und Sie in dem Moment innerlich erstarren und keine Idee haben, wie Sie mit dieser Situation umgehen sollen. Es ist aber auch möglich, dass sich solch ein Ohnmachtsgefühl ganz langsam über einen längeren Zeitraum in Ihnen breitmacht. Sie erleben sich dann als unbedeutend – als Person, die keinen nennenswerten Beitrag leisten kann.

Wo gab es in Ihrem Leben vielleicht schon einmal Situationen, in denen Sie solch ein Ohnmachtsgefühl erlebt haben? Wurde es durch ein konkretes Ereignis ausgelöst oder hat es sich über einen längeren Zeitraum eingeschlichen?

Wie erleben Sie sich heute: als ohnmächtig, selbstwirksam oder situationsabhängig mal so, mal so?

Es ist ganz normal, dass Ihnen im Laufe des Lebens Situationen begegnen, denen Sie im ersten Augenblick sprachlos und ohnmächtig gegenüberstehen. Wichtig ist es, dass Sie aus diesem akuten Zustand herausfinden. Wenn dies allein nicht möglich ist, weil beispielsweise das Ereignis zu einschneidend war, ist es wichtig, sich Unterstützung von außen zu holen. Das kann ein guter Freund sein, dem Sie Ihr Herz öffnen können, ein Mentor, Seelsorger oder auch ein Arzt oder Therapeut. Sollten Sie selbst betroffen sein, dann bleiben Sie bitte nicht allein, sondern nehmen Sie Hilfe an!

Wie bereits erwähnt, kann es aber auch passieren, dass sich im Laufe der Jahre ein Gefühl einnistet, dass Sie nichts bewegen können und auch nichts zu geben haben. Das ist eine Lüge! Die Wahrheit ist, dass jeder Mensch – auch Sie! – einzigartig ist und viel zu geben hat! Ein Problem, das viele Menschen haben, ist, dass sie ein großes Ziel vor Augen haben, dessen Erreichung aber oft noch in zu weiter Ferne liegt. Die Folge: Das Erfolgserlebnis, das Ziel erreicht zu haben, bleibt aus. Behalten Sie gerne das große Ziel im Hinterkopf, brechen Sie es aber in viele kleine Teilziele runter. Fragen Sie sich: Was kann ich heute tun, um einen Schritt auf dem Weg hin zu meinem Ziel zu gehen? Und dann gehen Sie diesen Schritt. Lieber täglich bzw. regelmäßig einen kleinen, als vor dem langen Weg zu erstarren und gar nicht loszugehen.

Wo würde Ihnen solch ein Vorgehen helfen? Was wären gangbare erste Schritte?

____

____

____

Inwiefern könnten Sie es auch auf Ihr Engagement anwenden? Was wären gangbare erste Schritte?

____

____

Fangen Sie am besten gleich heute an, große Ziele in viele kleine Schritte herunterzubrechen. Schritte, die so klein sind, dass es kein Problem ist, sie zu gehen. Erleben Sie, wie sich Ohnmacht in Selbstwirksamkeit verwandelt und wie sich das auf Ihr Selbsterleben auswirkt.

IHR ENGAGEMENT-ZIEL

Zum Abschluss dieses Kapitels lade ich Sie ein, sich noch einmal eingehender mit Ihren Zielen auseinanderzusetzen: Was ist Ihr ganz persönliches Engagement-Ziel? Was sind mögliche Zwischenziele? Was können Sie konkret tun, um diese zu erreichen? Hierzu habe ich einige Fragen zusammengestellt. Nehmen Sie sich Zeit, darüber nachzudenken. Bedenken Sie: Es geht um Sie, um Ihr Leben und um Ihre Ziele – nicht die Ihrer Freunde, Familie, Kollegen etc. In diesem Sinne: Los geht's!

Auf einer Skala von 1 (sehr unzufrieden) bis 10 (optimal): Wie zufrieden sind Sie aktuell mit Ihrem ehrenamtlichen Engagement? Hat sich eventuell durch die vorangegangenen Impulse etwas in Ihrer Wahrnehmung verändert? Kreuzen Sie die entsprechende Zahl an.

1 – 2 – 3 – 4 – 5 – 6 – 7 – 8 – 9 – 10

Wie sähe es in diesem Lebensbereich aus, wenn er eine 10 wäre?
Wenn er eine 10 wäre, dann ______________________________

Wo auf der Skala möchten Sie …

- in vier Wochen stehen? ______________________________
- in drei Monaten stehen? ______________________________
- in einem Jahr stehen? ______________________________

Woran werden Sie festmachen können, dass Sie Ihr Ziel erreicht haben? Was hat sich bis dahin konkret verändert?

- In vier Wochen ___________________________
- In drei Monaten ___________________________
- In einem Jahr ___________________________

Hand aufs Herz: Wie wichtig ist es Ihnen, dass sich in diesem Lebensbereich etwas verändert?

- Sehr wichtig! Daher bin ich bereit, Zeit und Energie in diesen Prozess zu investieren.
- Veränderung wäre schön, aber andere Dinge haben gerade Vorrang.
- Es ist mir nicht wichtig genug, etwas zu verändern.

Welche drei Dinge können Sie ab sofort tun/verändern, um Ihrem Ziel näher zu kommen?

1. ___________________________

2. ___________________________

3. ___________________________

Wie werden Sie diese Dinge konkret umsetzen – und wann?

Veränderung 1

- Das werde ich tun: ___________________________
- Damit werde ich starten: ___________________________

Veränderung 2

- Das werde ich tun: ___________________________

- Damit werde ich starten: ____________________

Veränderung 3

- Das werde ich tun: ____________________
- Damit werde ich starten: ____________________

Diese Person werde ich bitten, mich zu unterstützen:

____

SPEICHE 12: GEMEINSCHAFT

In diesem Kapitel werden wir das Thema Gemeinschaft näher in den Blick nehmen. Gemeinschaft meint in diesem Fall das Miteinander mit anderen Christen, beispielsweise in der Gemeinde. Diese Form von Gemeinschaft ist etwas ganz Besonderes: Hier treffen Menschen aufeinander, die eine wichtige Sache gemeinsam haben – ihren Glauben an den Gott der Bibel. Diese Gemeinsamkeit vereint; das Zusammengehörigkeitsgefühl ist groß. Zusammen ist man stärker als allein – diese Wahrheit gilt auch hier.

Wie in jeder Gruppe, die sich aufgrund einer einzigen Gemeinsamkeit zusammenfindet, entstehen aus diesem Aspekt aber auch Herausforderungen: Es treffen Menschen aufeinander, die sich sonst vielleicht nie zusammentun würden. Das ist eine Stärke, aber eben auch eine Herausforderung, die Sie im Blick behalten sollten.

Auf den folgenden Seiten wird es um die Besonderheiten christlicher Gemeinschaft gehen. Entdecken Sie, was sie für Sie persönlich bedeutet, was sie so besonders macht. Werfen Sie aber auch einen objektiven Blick auf mögliche Stolpersteine und entdecken Sie Wege, wie Sie mit diesen umgehen können.

Die Gemeinschaft von Gläubigen ist etwas, auf das Gott Segen legt. Sie ist ihm wichtig und sollte somit auch uns wichtig sein. Ein Grund mehr, unseren Teil dazu beizutragen, dass das Miteinander gelingt!

IHRE AKTUELLE SPEICHENLÄNGE

Nun sind Sie gefragt! Bevor wir tiefer ins Thema einsteigen, lade ich Sie ein, sich über Ihre Zufriedenheit mit diesem Lebensbereich Gedanken zu machen: Sind Sie glücklich mit dem, wie es gerade läuft, gibt es massiven Handlungsbedarf oder liegt die Wahrheit irgendwo dazwischen? Auf einer Skala von 1 (sehr unzufrieden) bis 10 (optimal): Wie würden Sie Ihre Zufriedenheit mit dem Thema Gemeinschaft einstufen?

1 – 2 – 3 – 4 – 5 – 6 – 7 – 8 – 9 – 10

An diesem Punkt kann es hilfreich sein, sich folgende Fragen zu stellen:

- Fühlen Sie sich eingebunden, als Teil einer Gemeinschaft?
- Wie empfinden Sie das Verhältnis von Geben und Nehmen innerhalb dieser Gemeinschaft?
- Können Sie sich so zeigen, wie Sie sind – Ecken, Kanten, Andersartigkeit, Fragen etc. inklusive?
- Wie erleben Sie das Miteinander? Werden Ihre Bedürfnisse gestillt?
- Was geben Sie in diese Gemeinschaft hinein, das sie bereichert?

Wichtig ist, dass es einzig und allein um Sie und Ihre Zufriedenheit mit dem Thema geht. Es geht nicht darum, was Nachbarn, Freunde, Familie oder Kollegen darüber denken. Es geht um Sie: Wie zufrieden sind Sie mit diesem Lebensbereich? Dies ist eine Momentaufnahme.
Wo liegt Ihr aktueller Zufriedenheitswert beim Thema Familie?

Woran machen Sie diesen fest?

GEMEINSCHAFT IN DER BIBEL

Die Bibel berichtet an vielen Stellen von der Kraft der christlichen Gemeinschaft. Sie als Mensch sind auf Gemeinschaft hin angelegt und geschaffen – sie gehört sozusagen zu Ihrer DNA, die Gott in Sie hineingelegt hat. Gemeinschaft unter Gläubigen hat noch mal eine ganz andere Dimension. Die Bibel sagt, dass dort, wo zwei oder drei Menschen in Gottes Namen zusammen sind, Gott mitten unter ihnen ist. Das bedeutet im Umkehrschluss natürlich nicht, dass Gott nicht auch bei jedem Einzelnen ist. Vielmehr betont es, dass bereit wenige Personen viel bewegen können, denn der Text spricht von Gebet.

Die Apostelgeschichte berichtet von den ersten Christen, die in besonderer Weise zusammenhielten. Durch ihren Glauben an Jesus hatten sie sich aus der jüdischen Gemeinde herausgelöst und standen nun teilweise ohne Unterstützung und das verlässliche soziale Netz von früher da. An diese Stelle rückten nun die ersten Gemeinden, in denen die Christen sich gegenseitig in allen nur denkbaren Wegen unterstützten.

Die christliche Gemeinschaft ist auch ein Ort, um Gott zu loben, mehr über ihn zu lernen, ihm zu begegnen und im Glauben zu wachsen. Dort werden Sie gestärkt, neu ausgerichtet, korrigiert und aufgerichtet. Gemeinschaft schenkt Kraft. Die Gemeinde ist jedoch kein frommer Kuschelklub, sondern ein Ort, an dem sich auch mal gestritten und um die Wahrheit gerungen wird. Gemeinde ist nie perfekt. Auch dort »menschelt« es, denn sie besteht aus Menschen mit Ecken und Kanten.

Die Bibel spricht davon, dass die Gemeinde ein Ort ist, an dem Sie lernen können. Und dass Christen Vorbild sein sollten für andere, indem sie ihre Werte leben. Sie sollen ihr Licht vor anderen Menschen leuchten lassen. Gemeinde ist zudem weiter zu denken als nur die Gemeinde vor Ort, in der Region. Gemeinde hat Gott stets weltweit gedacht.

An was denken Sie, wenn Sie das Wort »Gemeinschaft« hören bzw. lesen? Was macht sie aus? Inwiefern stimmen Ideal und Wirklichkeit überein?

BILDER IM KOPF

Sie sind immer freundlich, ausgeglichen, hilfsbereit, ehrlich, nehmen sich Zeit, … Fast jeder hat ein bestimmtes Bild von Christen abgespeichert. Welche Worte kommen Ihnen in den Sinn, wenn Sie an Christen denken? Wie würden Sie sie beschreiben?

Nun weiß ich nicht, welche Worte Sie aufgeschrieben haben. Vielleicht decken sie sich mit den eingangs genannten und sind durchweg positiv. Womöglich haben Sie aber auch zurückgeschaut und festgestellt, dass die genannten Begriffe sich nicht immer hundertprozentig mit Ihren Erfahrungen decken, und haben daher Worte gewählt, die etwas weniger idealisierend sind.

Das Problem ist, dass Menschen in gewissen Kontexten dazu neigen, Dinge oder Personen zu idealisieren. Das kann gerade zu Beginn einer Beziehung der Fall sein, wo Sie vor lauter Schmetterlingen im Bauch und rosaroter Brille auf der Nase primär die Dinge wahrnehmen, die positiv sind. Das kann auch in Gemeinden der Fall sein: Sie idealisieren Glaubensgeschwister oder vergessen, dass die Bibel viel darüber schreibt, wie Menschen, die an Gott glauben, sein sollten – dass das aber das Ziel ist und nicht zwingend der aktuelle Ist-Zustand eines jeden.

Fast jeder Mensch wird im Laufe seines Lebens enttäuscht. Das kann daran liegen, dass Sie vorsätzlich getäuscht werden durch bewusste Lügen oder das Zurückhalten wichtiger Informationen zugunsten des anderen. Viel häufiger jedoch entsteht Enttäuschung, weil Sie Ihre Mitmenschen (unbewusst) idealisieren. Sie blenden dann Dinge aus, die nicht in das Bild passen, das Sie sich gemacht haben. Aussagen werden überhört oder unbewusst umgedeutet. Auch gehen Sie vielleicht oft davon aus, dass Menschen, mit denen Sie sich gut verstehen und mit denen Sie vieles verbindet, Ihre Werte teilen und entsprechend Ihrem Verständnis handeln.

Wo wurden Sie von anderen Christen in der Vergangenheit enttäuscht?

Im Wort Enttäuschung steckt das Wort Täuschung: Man wurde enttäuscht. Täuschung ist hierbei oft nichts Vorsätzliches seitens des anderen. Es hat viel mit dem Bild, das Sie sich gemacht haben, und den damit einhergehenden Erwartungen an die Person zu tun.

Inwieweit haben falsche Erwartungen Ihrerseits in der Enttäuschung eine Rolle gespielt? Was hatten Sie von der Person erwartet und was ist stattdessen geschehen?

Je näher Ihnen die Person steht, die enttäuscht hat, desto tiefer trifft Sie diese Erfahrung. Aber umso wichtiger ist es, die Situation gut zu verarbeiten. Im Idealfall ist es möglich, gemeinsam darüber zu sprechen und einander zu vergeben, um so einen Neuanfang zu ermöglichen. Natürlich sollten Sie aber auch aus der Erfahrung lernen.

Wie möchten Sie in Zukunft mit Enttäuschungen umgehen – ganz allgemein, aber gerade auch im Kontext von Gemeinde?

VERGEBUNG LEBEN

»Mama, die Lina ist böse. Die ist nicht mehr meine Freundin!« In der Kindergartenzeit meiner Tochter habe ich ein neues Wort gelernt: »entfreunden«. Es bedeutet so viel wie die Freundschaft beenden. Das ging seinerzeit bei einigen Kindern ziemlich schnell, manchmal wurde sich an einem Tag sogar gleich zweimal ent- und, wenn es gut lief, auch zweimal wieder befreundet. So niedrig die Hemmschwelle beim Entfreunden, so niedrig das Hindernis, sich teilweise binnen Minuten wieder zu befreunden.

Als Erwachsener sind Sie hoffentlich nicht ganz so schnell dabei, eine Freundschaft zu beenden. Es kommt aber vor, dass Dinge passieren, die Sie so tief erschüttern und die Basis einer Beziehung ins Wanken bringen, dass Sie sich fragen, ob Sie unter den gegebenen Umständen noch eine Beziehung aufrechterhalten können. Auch außerhalb von Freundschaften, im normalen Beziehungsgeflecht und in der Gemeinde passieren Dinge, die zu einem Kontaktabbruch führen können. Es ist nie sinnvoll, im Zorn auseinanderzugehen. Umso wichtiger ist es, Dinge zu klären, wenn Sie der betreffenden Person nicht einfach aus dem Weg gehen können. Vergebung ist deshalb gerade in enger Gemeinschaft ein extrem wichtiges Thema – aber nicht nur da, sondern immer!

Was bedeutet Vergebung für Sie? Was verbinden Sie mit dem Wort? Löst es positive Gefühle aus oder empfinden Sie es eher als eine (fromme) Pflichtübung?

Auf einer Skala von 1 (extrem schwer) bis 10 (ganz leicht):

1. Wie schwer fällt es Ihnen, anderen Menschen zu vergeben? ___
2. Wie schwer fällt es Ihnen, Vergebung anzunehmen? ___
3. Wie schwer fällt es Ihnen, sich selbst zu vergeben? ___

Zu vergeben bedeutet nicht, alles zu vergessen, was geschehen ist. Es ist auch kein Zeichen von Schwäche, kein Kleinbeigeben. Vergebung ist nicht gerecht, aber unglaublich wichtig, denn sie wirkt befreiend.

Was passiert, wenn Sie vergeben? Zuerst einmal fängt es an mit der Einsicht, dass Groll und Rachefantasien keine echte Lösung bieten. Sie tragen diese Dinge zusammen mit der schmerzlichen Erfahrung wie einen schweren Rucksack mit sich herum. Wenn Sie sich jedoch entscheiden, zu vergeben, beschließen Sie, die Vergangenheit nicht immer wieder zu durchleben, sondern einen Doppelpunkt zu setzen. Das ist meist einfacher gesagt als getan und oftmals ein längerer Prozess. Die Entscheidung zu fällen, bedeutet nicht, dass der Schmerz über die Situation sofort verschwindet. Es macht Sie jedoch zum aktiv Handelnden: Sie kommen heraus aus der Opferhaltung.

Vergebung kann nur auf freiwilliger Basis geschehen. Es bedeutet, dem Schmerz ins Auge zu schauen, Dinge (für sich und ggf. auch vor dem anderen) zu benennen. Zudem bedarf es einer ehrlichen Auseinandersetzung mit der Frage, ob die Schuldfrage wirklich so eindeutig zu klären ist. Vergebung ist nichts, was Sie sich verdienen können. Es ist ein Geschenk – sowohl an die Person, die Ihnen etwas schuldig geblieben ist, als auch an sich selbst. Gott hat es vorgemacht, als er Jesus am Kreuz für all unsere Schuld sterben ließ, bevor wir ihn überhaupt darum bitten konnten. Wo Vergebung geschieht, wird die Basis geschaffen für Neues.

Wo wurde Ihnen schon einmal vergeben?

Wem tragen Sie noch Schuld nach? Wie möchten Sie zukünftig damit umgehen?

SEIN DÜRFEN

Einen Ort zu haben, an dem Sie sich zeigen können, wie Sie wirklich sind – mit allen Ecken und Kanten, Hoffnungen und Sorgen: mal stark, mal schwach, verletzlich, irritiert, fehlerhaft. Ein Ort, an dem Sie keine Angst haben müssen, abgelehnt zu werden. Ich glaube, dass jeder Mensch solch einen Ort sucht. Wenn Sie Glück haben, haben Sie ihn bereits finden dürfen: in der eigenen Familie, im Zusammensein mit guten Freunden oder der Gemeinde. Solch ein Ort ist ein Geschenk, denn Sie gehen von ihm anders fort, als Sie angekommen sind: ermutigt und gestärkt und mit dem Wissen, gesehen und geliebt zu sein.
Haben Sie solch einen Ort, wo Sie ganz Sie selbst sein dürfen? Falls ja: Wo ist er? Falls nein: Welche Aspekte haben dort keinen Platz?

Solch ein Ort entsteht nicht von selbst. Was braucht es Ihrer Meinung nach, um solch einen Ort, an dem Sie sich zeigen können und auch mögen, zu schaffen?

Welchen Beitrag können Sie ganz konkret leisten, um solch einen Ort (neu) zu schaffen bzw. zu erhalten? Wie könnten Sie auch in Ihren Beziehungen allgemein für solch eine Atmosphäre sorgen?

Gott kennt jeden Menschen durch und durch. Ihm müssen Sie nichts vormachen. Er versteht. Bei ihm dürfen Sie sich zeigen, wie Sie sind. In seiner Gegenwart sind Sie jederzeit willkommen.

Wo Menschen als Gemeinde zusammenkommen, sehen viele vor allem das Verbindende, den Glauben. Was sich nur wenige Menschen bewusst machen, ist die Tatsache, dass sich in einer Gemeinde Menschen zusammenfinden, die sich oftmals losgelöst von ihrem

Glauben niemals begegnen würden: Alt und Jung, Studierte und Schulabbrecher, Arme und Reiche, Introvertierte und Extrovertierte etc. Eine unglaubliche Vielfalt aus Lebensgeschichten, Erfahrungen, Einsichten, Persönlichkeiten.

Überlegen Sie doch einmal, welche Gegensätze in Ihrer Gemeinde aufeinandertreffen:

____

____

____

Sich dieser Gegensätze bewusst zu sein, sorgt für ein besseres Verständnis, warum auch in der Gemeinde nicht immer alles rundläuft. Das verbindende Element ist der Glaube an den Gott der Bibel. Gemeinschaft, gerade die aus dem Glauben gespeiste, hat eine unglaubliche Kraft. Wo haben Sie diese Kraft schon einmal erleben dürfen? Was macht Sie in Ihren Augen so anders, so wertvoll?

____

____

____

Wo sehen Sie Ihre ganz persönliche Rolle in der Gemeinde, in der Gemeinschaft?

____

IHR GEMEINSCHAFTS-ZIEL

Zum Abschluss dieses Kapitels lade ich Sie ein, sich noch einmal eingehender mit Ihren Zielen auseinanderzusetzen: Was ist Ihr ganz persönliches Gemeinschafts-Ziel? Was sind mögliche Zwischenziele? Was können Sie konkret tun, um diese zu erreichen? Hierzu habe ich einige Fragen zusammengestellt. Nehmen Sie sich Zeit, darüber nachzudenken. Bedenken Sie: Es geht um Sie, um Ihr Leben und um Ihre Ziele – nicht die Ihrer Freunde, Familie, Kollegen etc. In diesem Sinne: Los geht's!

Auf einer Skala von 1 (sehr unzufrieden) bis 10 (optimal): Wie zufrieden sind Sie aktuell mit der gelebten Glaubensgemeinschaft in Ihrem Leben? Hat sich eventuell durch die vorangegangenen Impulse etwas in Ihrer Wahrnehmung verändert? Kreuzen Sie die entsprechende Zahl an.

1 – 2 – 3 – 4 – 5 – 6 – 7 – 8 – 9 – 10

Wie sähe es in diesem Lebensbereich aus, wenn er eine 10 wäre?
Wenn er eine 10 wäre, dann ______________________

Wo auf der Skala möchten Sie …

- in vier Wochen stehen? ______________________
- in drei Monaten stehen? ______________________
- in einem Jahr stehen? ______________________

Woran werden Sie festmachen können, dass Sie Ihr Ziel erreicht haben? Was hat sich bis dahin konkret verändert?

- In vier Wochen ______________________
- In drei Monaten ______________________
- In einem Jahr ______________________

Hand aufs Herz: Wie wichtig ist es Ihnen, dass sich in diesem Lebensbereich etwas verändert?

- Sehr wichtig! Daher bin ich bereit, Zeit und Energie in diesen Prozess zu investieren.
- Veränderung wäre schön, aber andere Dinge haben gerade Vorrang.
- Es ist mir nicht wichtig genug, etwas zu verändern.

Welche drei Dinge können Sie ab sofort tun/verändern, um Ihrem Ziel näher zu kommen?

1. ______________________________

2. ______________________________

3. ______________________________

Wie werden Sie diese Dinge konkret umsetzen – und wann?

Veränderung 1

- Das werde ich tun: ______________________
- Damit werde ich starten: ______________________

Veränderung 2

- Das werde ich tun: ______________________
- Damit werde ich starten: ______________________

Veränderung 3

- Das werde ich tun: ______________________________
- Damit werde ich starten: __________________________

Diese Person werde ich bitten, mich zu unterstützen:

____

EIN WORT ZUM SCHLUSS

Herzlichen Glückwunsch! Wenn Sie das Buch bis hierhin gelesen und die einzelnen Impulse umgesetzt haben, dann haben Sie wirklich Einsatz gezeigt. Es ist eine Sache, sich mehr Zufriedenheit durch eine bessere Lebensbalance zu wünschen und eine vollkommen andere, Zeit und Energie hineinzuinvestieren, Dinge zu reflektieren und dann tatsächlich Schritte in die gewünschte Richtung zu gehen.

Dieses Buch ist eine Starthilfe. Es sollte Ihnen helfen, sich auf den Weg zu machen, und erste Impulse liefern. Die ersten wichtigen Schritte wurden gegangen. Wie es weitergeht, entscheiden Sie. Sind die Veränderungen schon so, dass Sie damit zufrieden sind? Perfekt! Möchten Sie das ein oder andere noch weiter vertiefen? Dann arbeiten Sie das Buch gerne noch ein zweites oder auch drittes Mal durch. Ich verspreche Ihnen: Sie werden jedes Mal neue Dinge entdecken, die Ihnen bisher entgangen sind.

Sollten Sie feststellen, dass ein Thema Sie sehr bewegt oder Sie an einem Punkt allein nicht weiterkommen, dann suchen Sie sich bitte Unterstützung. Gerne begleite ich Sie auch auf Ihrem Weg hin zu mehr Balance und Zufriedenheit. Nähere Informationen zu meinem Online-Coaching-Angebot finden Sie unter: www.vorwärtsleben.de

Auch freue ich mich über einen kurzen »Reisebericht« von Ihnen. Wie ist es Ihnen während unserer gemeinsamen Entdeckungsreise durch Ihr Leben ergangen? Was waren Ihre schönsten Aha-Momente? Schicken Sie mir gerne eine E-Mail an reisebegleiter@vorwaerts-leben.de – ich freue mich darauf, von Ihnen zu hören!

Es hat mich gefreut, Sie auf dieser Reise zu begleiten.

Herzliche Grüße

Nicole Sturm

DANKE

Ich danke meinen Weggefährten – ohne euch wäre mein Leben nur halb so schön! Ein ganz besonderer Dank geht an meine Familie: meine Eltern, meinen Mann sowie meine wunderbare Tochter – ihr seid meine Lieblingsmenschen!

ANMERKUNGEN

1 Ich betreibe eine Praxis für integrative Psychotherapie und Coaching, wobei der Schwerpunkt auf psychotherapeutischem Coaching liegt.

2 Friedemann Schulz von Thun, Miteinander reden. 1. Störungen und Klärungen. Allgemeine Psychologie der Kommunikation. Rowohlt Taschenbuch Verlag, 35. Auflage 2001, Reinbek.

3 https://www.schulz-von-thun.de/die-modelle/das-kommunikationsquadrat, zuletzt aufgerufen am 18. 09. 2019.

4 Dr. Henry Cloud/Dr. John Townsend, Nein sagen ohne Schuldgefühle. Wie man sich gegen Übergriffe schützt, Hänssler Verlag (Edition Trobisch), 7. Auflage 2002, Kehl.

5 Jens Corssen, Der Selbst-Entwickler. Das Corssen-Seminar, beustverlag, 1. Auflage 2002, München.

6 Viktor E. Frankl, Ärztliche Seelsorge, II A Allgemeine Existenzanalyse, erschienen im dtv

7 Zitiert in: Viktor Frankl, ... trotzdem Ja zum Leben sagen. Ein Psychologe erlebt das Konzentrationslager. Penguin Verlag, 2018, deutschsprachige Buchrechte beim Kösel-Verlag München.

Heike Malisic, Beate Nordstrand

Body, Spirit, Soul
Ganzheitlich leichter leben

Körper, Seele und Geist gehören zusammen. Das Herzstück ist der Geist - denn wer den Sinn des Lebens gefunden hat, lernt, mit sich selbst im Reinen zu leben, und weiß um das Geheimnis der Vergebung. Ein Buch für Glaubende und Suchende, voller Inspiration.

Gebunden, 14 x 21,5 cm, 256 S.,
Inhalt zweifarbig, mit Lesebändchen
Nr. 395.698, ISBN 978-3-7751-5698-1
Auch als E-Book e

SCM